人邮普华
PUHUA BOOK

我
们
一
起
解
决
问
题

AI掘金

个人职业跃迁与财富增长

杨慧琴　林志◎著

人民邮电出版社

北京

图书在版编目（CIP）数据

AI 掘金：个人职业跃迁与财富增长 / 杨慧琴，林志著. -- 北京：人民邮电出版社，2025. -- ISBN 978-7-115-67614-6

Ⅰ. F830.59-39

中国国家版本馆 CIP 数据核字第 20255FJ700 号

内 容 提 要

本书是一本 AI 时代的机遇与财富指南，旨在帮助读者在 AI 技术重塑全球经济的浪潮中更好地识别机遇、规避风险，实现个人财富的增长与职业发展的跃迁。本书以"认知重构—产业分析—能力构建—行业实践—创业指南"为主线，结合前沿案例与实用方法，系统阐述了普通人参与 AI 财富浪潮的路径与策略。

无论是职场人士、创业者还是自由职业者，无论是否具备相关知识或技术背景，均可通过本书掌握 AI 时代的财富密码，在技术变革中找准定位、抢占先机，从而实现个人价值与经济收益的显著增长。

◆　　著　　杨慧琴　林　志
　　　责任编辑　贾淑艳
　　　责任印制　彭志环
◆人民邮电出版社出版发行　　北京市丰台区成寿寺路 11 号
　　邮编　100164　　电子邮件　315@ptpress.com.cn
　　网址　https://www.ptpress.com.cn
　　固安县铭成印刷有限公司印刷
◆开本：880×1230　1/32
　　印张：7.25　　　　　　　　　　2025 年 8 月第 1 版
　　字数：150 千字　　　　　　　　2025 年 11 月河北第 3 次印刷

定　价：59.80 元

读者服务热线：（010）81055656　印装质量热线：（010）81055316
反盗版热线：（010）81055315

前言

很多人读书都会跳过前言，我也不例外。这也不怨读者，实在是因为有些书的前言确实索然无味，甚至与书的主体内容毫无关联，即便跳过也不影响对主体部分的理解。所以，在构思前言时，我只有一个简单的心愿：至少要让从头看起的读者，不会因开篇的沉闷而失去探索全书的兴趣。

这本书的前言只做一件事——给大家送上这本书的"开口器"。

就像夏威夷果的开口器能帮助人们轻松破除其硬壳一样，本书的前言将通过提供简明扼要的阅读指引，让大家更容易"享用"和实践书中的内容。

本书的"开口器"是下图这个形状的。

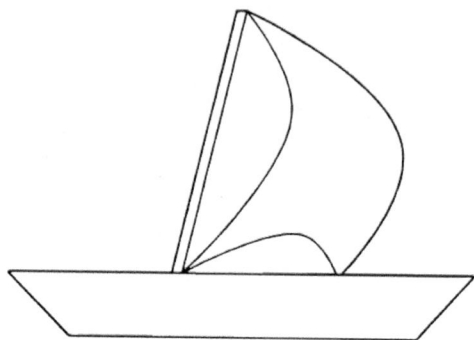

对，是帆船。

想要在 AI 财富浪潮里畅游，你需要这样一艘帆船。

相信很多人和我一样，即便出身平凡却依然拥有不平凡的梦想，比如大家的人生清单里应该都会有这样一个愿望——希望自己能够环游世界。

后来我才明白，"环游世界"是一件非常奢侈的事，既需要殷实的经济基础，更需要普通人难以拥有的闲暇时间。

遗憾的是，我未能含着金汤匙出生，所以我也无法像某些人那样一出生时就能拿到乘坐豪华游轮环游世界的船票，可以在享受海上的奢华生活与派对狂欢时顺便探索世界。然而，这仍然不能阻碍我心存征服大海、去往理想彼岸的期待。

怎么办?

也许你可以像我一样,造一艘"帆船"送给自己。

事实上,环球航行者最常选择的交通工具是帆船,而不是游轮。相较于豪华游轮,帆船的动力来源于风,不需要承担高昂的燃油费用,环球航行的成本更低。另外,不论是顺风还是逆风航行,人们都可以通过调节帆的角度来巧妙借助风力,最终抵达自己的目的地。

不要油钱,只要有风,且不论顺风逆风都可以达到彼岸,这简直是每个人梦寐以求的交通工具。

人生如大海,百舸争流,千帆也可竞发!

接下来,我教你如何造船。

第一步,用"黄金圈"打造你的船身

你是不是缺少人生的驱动力,在过往的旅程中面对各种各样的竞争和诱惑,总是容易偏离自己的既定方向?如果是这样,那么"黄金圈"(The Golden Circle)会非常适合用于构建你人生帆船的船身。美国营销专家西蒙·斯涅克认为,伟大的公司和个人的思维模式可以总结为"黄金圈法则"(见下页图)。

黄金圈法则

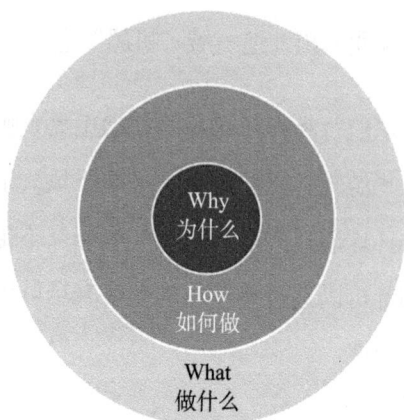

"黄金圈"从外到内分别是 What、How、Why：What 是做什么，How 是怎么做，Why 是为什么这么做。

比如翻开这本书，你接下来要做什么（What）？你大概率会说"我要学习新的知识"，这个问题基本大家都能回答出来。

你怎么才能学好书中的知识（How）？你可能会说："先快速浏览全书框架，再画思维导图提炼核心观点，继而将知识转化为行动，并在实践中不断复盘。"这个问题其实就有一部分人回答不上来了。

你为什么要读这本书（Why）？为了提高自己的竞争力？为了了解 AI？还是为了利用这波 AI 浪潮去赚钱？能回答这个问题的人会比说清楚 How 的人更少。

依据西蒙观察，大多数人的做事方法和沟通方式是从外而内的，也就是从做什么（What）到怎么做（How）再到为什么做（Why）；但是那些伟大的公司和领导者的做事方法和沟通方式是从内而外的，即先确定自己的核心动机（Why），明确为什么要做这件事，再思考怎么做（How），最后才决定做什么（What）。

西蒙讲过一个故事，让我印象深刻。19 世纪末，一场堪比当今 AI 革命的技术浪潮席卷全球——人类首次尝试实现动力飞行。无数人参与了这场竞争，大家都想造出人类第一架飞机，其中最受瞩目的竞争者之一是天文学家塞缪尔·兰利。兰利的研发动机聚焦于"做什么"和"能得到什么"，他最关心的是"第一"二字所代表的荣耀，以及随之而来的财富与名望。与此同时，名不见经传的莱特兄弟也在默默地做着同样的事情。但他们的核心动机并非物质回报，而是坚信飞行技术将彻底改写人类文明进程。所以，他们将全部精力聚焦于需要解决的物理问题，也就是飞行器的平衡和升空。1903 年 12 月 17 日，莱特兄弟制造的飞机飞上了天空，一项改变世界的新科技就此诞生。令人唏嘘的是，就在莱特兄弟试飞成功后，兰利很快就放弃了研发，因为他觉得如果当不了"第一"，"第二"对他毫无意义。

《小王子》中有句经典的名言："如果你想造一艘船，不要急着招募工人收集木材，也不要忙着指挥他人分工劳作，你只需点燃他们对浩瀚海洋的向往。"在这个隐喻中，造船是行动表象（What），收集木材是实践路径（How），对大海的渴望才是核心动机（Why）。这个 Why 就是你的船只最坚实的底盘。

所以，人生帆船的船身就是你的 Why、How 和 What。只有明确了动力与渴望，才不容易被突如其来的风浪影响了你既定的方向。

第二步，用成长型思维打造你的船帆

如果你想把顺风和逆风都化为推动你的人生帆船驶向目标的助力，那你需要用成长型思维打造船帆——将持续学习和技能内化转化为前进动力。斯坦福大学心理学教授卡罗尔·德韦克博士在 2006 年提出了成长型思维理论（The Growth Mindset），他认为人类的能力是可以通过持续的努力以及专心致志的学习获得成长的。

成长型思维的逻辑很简单，你需要相信世界上绝大多数的知识和技能都是可以通过后天的努力习得的。不论是天文学家、数学家、物理学家还是如雷军、马斯克那样的商业精英，他们所具备的能力都是通过一步一步的学习跟实践积累起来的。一旦你接受了这个思维设定，你就不会再害怕学习任何新事物。人类之间的能力并没有非常显著的差异，经过系统的学习和培训，别人能做到的，假以时日你也可以做到。

就像打开这本有关 AI 的书，你会发现很多内容是你不曾听过的，在读完这本书之后，如果要进一步了解 AI，你还需要系统地去学习有关人工智能的其他复杂知识和原理。任何一个 AI 专家最开始的时候也和你一样对 AI 一无所知，闻道有先后，术业有专攻，他们只是知道得比你早一些而已。

伟大始于微末，不要看低自己。我之前去过泰国的真理寺，那是一座采用传统榫卯结构的全木质文化建筑，目前尚未完全竣工。寺内的木雕美轮美奂、栩栩如生，如果不是亲眼看见施工现场，光看成品我会认为这一定是雕工非常精湛的大师的杰作。可是当我到了雕刻工坊，发现雕刻佛像的工匠中不乏妇女、老人，甚至还有十几岁的孩子。一尊佛像被分解为若干模块，大家各自按照图纸精雕细琢。当这一块块小小的木头通过精准的设计逐层拼接，最终竟能组合成高达十余米的宏伟佛像。这样的事也发生在我们每个人身边。我家楼下前两年在修建一所小学，不到一年时间，平地上面就陆续建起了座座高楼、操场和食堂。这所现代化学校背后的建筑大师就是居住在工地旁十几间屋子里的几十位农民工，这是他们共同的作品。

不论是繁华的现代商场，还是故宫、长城、埃菲尔铁塔这类承载人类文明的历史建筑，都是由无数个平凡个体在时间长河中共同造就的奇迹。所以，不要小看任何一个个体的力量，更不要轻视自己。何为大师？在一件事上竭尽全力，你也有机会成为大师。

第三步，用人性本色打造你的桅杆

一个人能取得多大的成果，往往和他的人品密切相关，人品是滋养个人成就的土壤，更是承载人生高度的基石。如果说人品如同人生帆船的桅杆，那桅杆的材质和粗细就一定程度上决定了这艘船能抵抗多大的风浪。也许有人对这个说法嗤之以鼻，认为世界上多的是品行不端却名利双收之人，很多善良之人反倒举步维艰。可他们或许未曾看见：那些看似粗壮高大的桅杆，若内里蛀空，即便能暂时撑起风帆，终会在骤雨中折断。真正能穿越汪洋大海的船只，不只是依靠绚烂的风帆，更是凭借坚实的桅杆。

那些真正穿越时代浪潮的成功者，往往并非天赋异禀，而是拥有伟大的人格力量。短期的成功或许能靠技巧获取，但永恒的丰碑必须用人品浇筑。反观那些靠流量造假、数据注水换取一时风光的企业，其崩塌的速度往往比崛起的速度更快。当资本市场的潮水退去时，最先被发现裸泳的总是那些试图用技巧掩盖品格缺陷的玩家。

AI 本质上就是一个工具，其善恶属性完全取决于使用者的人品。例如，同样用 AI 创业，有的人将 AI 用于诈骗，只干对自己有利的事，丝毫不顾及别人的利益，这就是恶；有的人用 AI 来提高工作效率、提升工作效果，于己有利，于他人也有利，这就是善。这两种 AI 变现逻辑哪种是长期主义、哪种抗风险能力较强，大家一眼便知。商业的底层逻辑是利他，"发心正、做事诚"是行稳致远的根本。

第四步，用 Gartner 曲线（技术成熟度曲线）看风浪走势

在 AI 时代的惊涛骇浪中航行，我们需要像经验丰富的船长般，既保持对风暴的警觉，又深谙潮汐的韵律。Gartner 曲线（见下图）犹如潮汐图，能指引我们预判 AI 技术将经历的周期性潮汐。这要求我们摒弃对确定性的执念——正如水手不会因

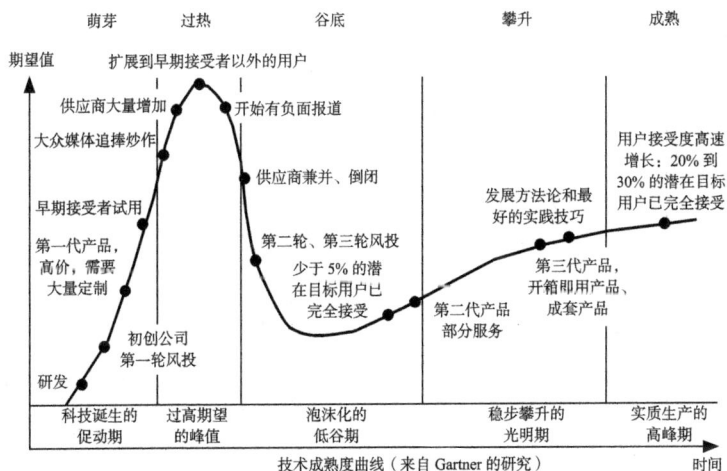

技术成熟度曲线（来自 Gartner 的研究）

惧怕暗礁而抛锚，真正的智慧在于掌握波浪的节奏，在技术浪潮的起伏中校准航向。

新技术诞生初期，往往会在媒体的宣传和资本的刺激下快速进入一轮促动期，大家会对这个技术产生过高的期待。但当人们发现投入的资金回报有限，或产品迭代速度和技术落地情况不能满足他们之前的期待时，泡沫便会开始破裂，会产生很多"从风口坠落的猪"。就像 2024 年年中 AIGC 领域的状况——除了 ChatGPT 之外当时尚未出现其他的颠覆式应用模型，这使得很多投资人和机构认为 AI 技术公司已经产生了一定的泡沫。这种负面评价的出现和企业之间的竞争、资本的撤离等导致一些公司开始倒闭。技术周期的奇妙之处在于，低谷往往孕育着突破的契机。在经历了泡沫幻灭的低谷期之后，会有新的产品出现并点燃大家的热情，然后该领域进入一个爬升恢复期，再到达实质的稳步增长期（见下图）。

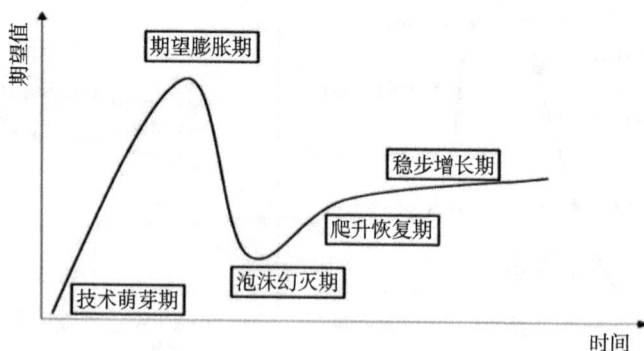

AI 作为一门新兴学科，正处于技术发展周期的波动阶段。当市场热度如潮水般退去，那些在沙滩上追逐浪花的人终将空手而归，只有真正深耕行业、坚守初心的耕耘者，才会在时光的沉淀中收获属于自己的果实。

准备好启航了吗？

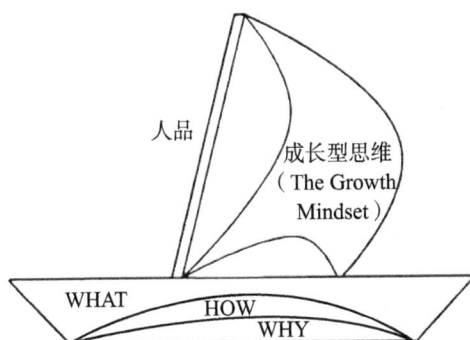

第一章   1

AI 财富浪潮：认知重构与机遇洞察

第一章

AI 财富浪潮：
认知重构与机遇洞察

第一节　除迷雾——快速了解什么是 AI

随着 ChatGPT、Sora 等大语言模型的落地，以 Open AI 为代表的公司给沉寂了很长时间的科技行业带来了一次狂欢盛宴，也给金融、医疗、教育、汽车等行业带来全新的灵感和无限的想象空间。微软联合创始人比尔·盖茨（Bill Gates）在接受德国《商报》（Handelsblatt）采访时，将 ChatGPT 的重要性与互联网的发明相提并论。他说："像 ChatGPT 这样的新程序将通过帮助开收据或写邮件来提高许多办公室工作的效率，这将改变我们的世界。"

各行各业的话题从曾经的互联网 +、新能源、VR、AR、元宇宙一夜之间转变成了 AI+，AI 带来的财富浪潮和商业机遇正在席卷全球。企业家、求职者、学生全都争先恐后地想要踏上 AI 这条财富快车道，任何商业模式一旦搭载 AI 基因，便如同被赋予了财富密码。尤其在全球经济增速放缓的当下，很多人甚至把 AI 视为致富路上的救命稻草。他们害怕重蹈覆辙——如同错过房地产市场高速增长阶段、互联网创业潮和直播带货风口一样，生怕一步之差便与时代机遇失之交臂。同时，随着 AI 的火爆，部分自媒体也开始通过传播相关话题来吸引流量，"最容易被 AI 替代的工作""AI 时代到来，大裁员即将开始""自动驾驶技术将替代 1000 万出租车司机""高科技和普通劳动者抢饭碗"等信息层出不穷，挑拨着大家敏感而焦虑的神经。

然而，纵观科技发展史和资本投资规律，真正可以推动人类文明进程的革新机遇，绝对不是短期风口的昙花一现，它势必会带来深层次的行业变革。但是就像电灯发明之后过了几十年才进入普通老百姓家中一样，新科技从落地生根到遍地开花，需要一定的时间。当比尔·盖茨在各种场合大力夸赞 ChatGPT 的时候，他不会同时提起微软在 2019 年就向 Open AI 投资了 130 亿美元，微软的股价也因为 ChatGPT 的热度不断增加而水涨船高，公司市值单日涨幅曾一度超千亿美元，重新登顶全球市值最高的公司；年逾九旬的巴菲特常说自己的长寿秘诀是每天要喝五瓶可乐，甚至每次参加股东大会手边都会放一瓶可口可乐，但是他也不会告诉你他是可口可乐最大的单一股东，从 1988 年开始，其投资公司伯克希尔·哈撒韦便持续向可口可乐投资，截至 2023 年已持有可口可乐 9.2% 的股权。

所以，如果你急切地想要通过各种渠道了解 AI 技术，我希望你可以先为焦虑的自己按下暂停键。终身学习是优秀的品质，但是切莫急躁，也切莫被外界意识裹挟着焦虑前行。现在网络上充满了各种免费的信息，但大多免费的东西背后都有其特定的目的和指向。越是标榜免费，往往获取的代价越昂贵。

不可否认的是，以 ChatGPT 为代表的生成式 AI 技术（AIGC）确实在技术与应用层面带来了极为重要的革新，掀起了各行各业智能化的浪潮，这股浪潮绝非昙花一现。不过，AI 的技术门槛确实颇高，对非专业技术领域从业者形成了较高的准入壁垒。因此，我们在这本书中将摒弃大部分晦涩难懂的专业术语，以产业演进的视角来构建 AI 认知框架，通过拆解技术发展脉络、剖析商业应用场景、预判职业转型方向，降低 AI 行业的入门难度，分享与 AI 发展相关的潜在机遇，特别是为非技术背景读者提供一些 AI 行业的入门指导和发展建议，使更多人有机会接触或进入这个蓬勃发展的行业，同时也期望未来能够诞生更多优秀的 AI 产品和创意。

一、何为人工智能

人工智能（Artificial Intelligence）其实就是"人工"和"智能"的结合，即由"人工"设计并创造出的"机器智能"。简单来说，AI 就是让计算机具备人类的智能，通过计算机这种基于二进制符号"0"和"1"的机器，创造一种"电子大脑"。

也许有人会感觉很不可思议，计算机怎么可能模拟人脑，甚至可以做到"电子大脑"这种程度。其实从生物学和计算机学的角度来看，人类大脑和计算机有很多相似的地方。

在信息处理上，计算机是能够输入信息、处理信息和输出信息的机器；而我们人类大脑的信息处理过程同样包括接受输入、处理、输出这三个阶段。

在物理形态上，人类大脑的基本认知单位是神经元，大脑由约 860 亿个神经元构成，它们通过电信号和化学信号进行信息传递和处理，从而实现大脑的各种功能，如感知、思考、记忆、情感等；计算机的基本计算单元是 CPU 里的晶体管，它可以通过逻辑门电路将模拟电压信号转换为二进制数字信号。计算机 CPU 中的晶体管数量已经达到了惊人的百亿级别，苹果 M1 Max 芯片的晶体管数量甚至已经达到了 570 亿。

英国肯特大学的 Benjamin T. Goult 在其发表的《开关网络代码理论》中提出，大脑的神经活动可类比为数字计算机的二进制运算系统。该理论将神经元视为微型逻辑门，通过动作电位的"全或无"特性（类似晶体管的开/关状态），在突触连接形成的网络中执行复杂的二进制代码。这种类比突破了传统神经科学框架，为理解大脑的信息处理机制提供了全新视角。

就像当前炙手可热的脑机接口技术（BCI）一样，它通过植入式神经电极将外部信息编码为电脉冲序列，经神经接口协议转换后，与大脑皮质神经元网络建立双向通信链路，从而实现人机交互。计算机互联成就了互联网，未来如果 AI 互联，再加脑机接口等先进技术，人类文明还有无限的想象空间。

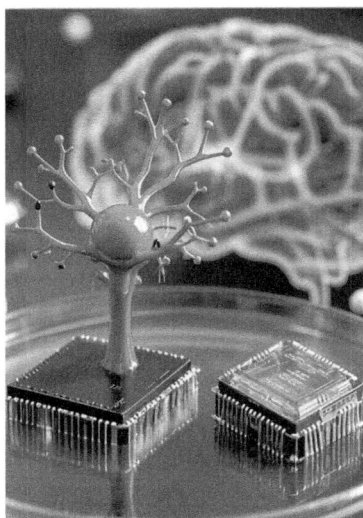

二、人工智能的应用类型

人工智能是让机器具备人类一样的智能，那么达到什么程度才能称为"智能"？为什么计算器不算智能，休闲小游戏不算智能，办公软件不算智能，ChatGPT 就算是智能呢？

人工智能是通过模拟人类的思维能力、语言能力、图像识别能力，力求可以像人类一样进行决策，从而具备推理、计划、学习、交流、感知、移动、使用工具甚至操控机械等能力。我们对它的最终预期，是借助医学、神经科学、机器人学及统计学等学科的交叉融合，使其能够"像人一样思考"及"像人一样行动"。

　　人工智能基本的能力可分为四大类型，分别是感知能力（Perception）、学习能力（Learning）、推理能力（Reasoning）和决策能力（Decision-making）。

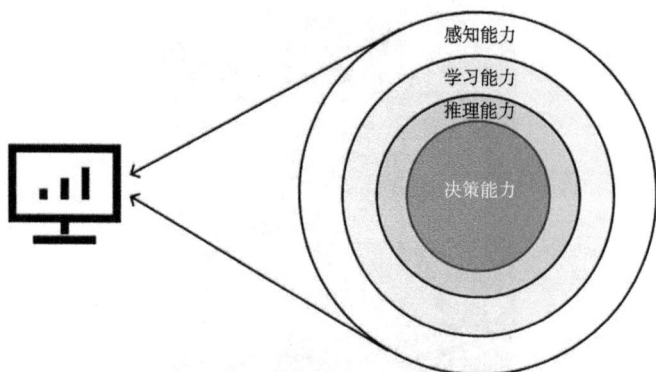

　　感知能力（Perception）：感知能力是人工智能系统获取和理解外部信息的能力。它包括通过传感器、摄像头、麦克风等设备收集数据，并使用计算机视觉、语音识别、自然语言处理等技术对这些数据进行分析和理解。感知能力使人工智能系统能够感知周围环境、识别物体、理解语言等。

　　学习能力（Learning）：学习能力是人工智能系统从数据中自动学习和提取知识的能力。通过使用机器学习算法，人工智能系统可以分析大量的数据，并发现其中的模式、规律和关系。学习能力使人工智能系统能够不断改进和优化自己的性能，以适应新的任务和环境。

　　推理能力（Reasoning）：推理能力是人工智能系统根据已有的知识和信息进行推理和推断的能力。通过使用逻辑推理、概率推理、决策树等技术，人工智能系统可以根据已知的条件和规则，推导出未知的结论和决策。推理能力使人工智能系统能够进行智能决策、解决问题和提供建议等。

决策能力（Decision-making）：决策能力是人工智能系统根据感知、学习和推理的结果，做出决策和采取行动的能力。通过使用决策理论、优化算法、博弈论等技术，人工智能系统可以从多个选项中选择最优的决策，并执行相应的行动。决策能力使人工智能系统能够自主地做出决策，以适应复杂的环境和任务。

利用感知能力来提供数据输入，利用学习能力从数据中提取知识，利用推理能力基于知识进行推断，利用决策能力根据推断结果做出决策。通过不断优化和改进这些能力，人工智能系统可以实现更高级的智能行为和应用。这四大功能相互关联、相互作用，共同构成了人工智能系统的基本应用。

人工智能可以分为不同的类型，根据模仿人类智能的程度和范围，大致可将其分为弱人工智能和强人工智能。

弱人工智能也叫狭义人工智能，是指只能完成特定任务或解决特定问题的人工智能，例如以下几种。

语音识别系统：如 Siri、小爱同学等，它们可以识别和理解人类的语音指令，并执行相应的操作。

图像识别系统：如人脸识别、车牌识别等，它们可以识别和分析图像中的内容。

机器翻译系统：如谷歌翻译、百度翻译等，它们可以将一种语言翻译成另一种语言。

自动驾驶系统：如百度的萝卜快跑、特斯拉的 Autopilot、谷歌的 Waymo 等，它们可以自动驾驶汽车。

智能医疗系统：如 IBM 的 Watson for Oncology、谷歌的 DeepMind Health 等，它们可以辅助医生进行疾病诊断和治疗。

智能金融系统：如摩根大通的 COIN、高盛的 Marcus 等，它们可以辅助人们开展风险管理、投资决策等金融业务。

强人工智能包括人工通用智能（AGI）和人工超级智能（ASI），是指具有人类智能水平的人工智能，它能够像人类一样思考、学习、推理、解决问题以及规划和创造。目前，强人工智能还处于研究阶段，尚未完全实现。但是 OpenAI 开发的 GPT-3 和 GPT-4 模型在自然语言处理方面已取得了显著的成果，人工智能公司 DeepMind 在将强化学习和深度学习用于游戏和机器人控制方面的算法也有一定的突破。这些企业都在积极推动 AGI 的探索，提高模型的通用性、理解能力、适应性和伦理考量等能力。

三、AI 的发展历史与重要里程碑事件

许多时候，你或许觉得 AI 高深莫测、遥不可及，与自己相距甚远。实际上，当你线上购物时那些为你处理售前售后问题的网络客服，当你就医时辅助医生分析 CT 影像的智能诊断平台，当你学习时为你推送个性化习题的智能题库，甚至在你出行时实时优化路线的导航软件，都已悄然运用了 AI 技术。

AI 正以各种应用的形式渗透到我们的生活中，即使你不懂技术原理也无需担忧，就如同使用手机、计算机一样，你可以轻松享受 AI 带来的便利。

事实上，人工智能非常"年轻"，从诞生至今不过半个多世纪。

以下是 AI 发展过程中的重要里程碑事件。

1950 年：阿兰·图灵提出了"图灵测试"，为人工智能的发展奠定了基础。

1956 年：达特茅斯会议召开，标志着人工智能正式成为一个独立的研究领域。

1957 年：卡内基梅隆大学建立了世界上第一个人工智能研究实验室。

1965 年：约瑟夫·维森鲍姆（Joseph Weizenbaum）发明了第一个人工智能聊天机器人——ELIZA。

1979 年：美国国家标准技术研究所启动知识表示语言（KRL）的标准化工作，旨在统一专家系统的知识建模方法。

1981 年：专家系统开始出现，其中最著名的是 MYCIN，它能够用于医学诊断。

1997 年：IBM 的计算机"深蓝"击败国际象棋世界冠军加里·卡斯帕罗夫，标志着人工智能技术的重要进步。

2006 年：谷歌公司推出了一种基于统计学习的语音识别技术，该技术被广泛应用于语音助手、智能家居等领域。

2011 年：IBM 的计算机"沃森"在美国智力竞猜电视节

目《危险边缘》中击败该节目的两名前冠军选手，展示出其在自然语言处理和知识推理方面的强大能力。

2016 年：AlphaGo 击败围棋世界冠军李世石，展示出强化学习技术在人工智能领域的应用潜力。

2017 年：DeepMind 推出了 AlphaZero，其仅通过自我对弈便超越人类棋手水平，展现了通用博弈 AI 的突破性能力。

2020 年：DeepMind 发布了 AI 算法 AlphaFold，该算法在包含 17 万个蛋白质序列的公共数据库中进行训练后，达到了与实验室预测蛋白质结构相当的准确度。它彻底改变了结构生物学，并已为新型药物设计做出了贡献。

2022 年：OpenAI 公司发布人工智能聊天机器人 ChatGPT，它是一种人工智能技术驱动的自然语言处理工具，使用 Transformer 神经网络架构，拥有语言理解和文本生成能力。该工具一经发布就迅速在网络上走红，短短 5 天内注册用户数就超过 100 万。

2023 年：OpenAI 发布人工智能文生视频大模型 Sora，该模型可以根据用户的文本提示生成最长 60 秒的高分辨率视频。该模型了解相关物体在物理世界中的存在方式，可以深度模拟真实物理世界，能生成具有多个角色、包含特定运动的复杂场景。

2025 年：中国杭州深度求索人工智能公司发布推理模型 DeepSeek-R1，其在数学、编程与自然语言处理领域表现优异，训练成本仅为传统方法的 1/15。该模型在 7 天内实现用户量破亿，创造了 AI 应用的用户增长纪录。DeepSeek 模型开源核心模型权重并适配国产芯片，挑战了硅谷闭源模式，促进了全球 AI 技术的创新和共享，并推动中国 AI 进入全球第一梯队。

在 AI 的发展历程中，还有许多其他重要的事件和技术突破，例如神经网络的复兴、深度学习的兴起、大规模数据集的出现等。这些事件和技术的发展推动了 AI 领域的不断进步和应用拓展。AI 的发展为我们带来了许多好处，例如提高生产效率、改善医疗保健、推动科学研究等。AI 可以帮助我们解决一些复杂的问题，提供更好的服务和体验。我们这代人算是 AI 时代的"移民"，很多 AI 的概念和应用是在我们人生的中途产生的，所以需要花时间去适应和接纳。而下一代的孩子从出生起就能接触无人驾驶技术，感受聊天机器人等 AI 的陪伴，他们对 AI 的感受就像我们当前对计算机的感受一样自然和亲近。因此，谁能尽快完成从传统思维到智能思维的"移民"过程，就能在 AI 时代占据先发优势。

四、为什么 ChatGPT 会火爆全球

ChatGPT 是 OpenAI 公司 2022 年 11 月 30 日发布的一款聊天机器人程序。它发布之后不到两个月，就在全球收获了超过 1 亿的用户，走红速度之快甚至连 Instagram、TikTok、微信这些软件都无法媲美。

ChatGPT 只是一个聊天机器人，它是怎么做到用几十种语言与 17 亿人相聊甚欢，让沉寂已久的科技圈迎来狂欢？

ChatGPT 的主要功能和最重要的技术原理其实就蕴含在它的名字里：Chat 是聊天，说明它从本质来说是一款聊天机器人；G 是 Generative（生成式的）的首字母，说明它具备生成式 AI 能力，可以按照指令生成连贯文本；P 是 Pre-trained（预训练的）的首字母，说明它接受过基于大规模语料库的预训练（通过自监督学习）；T 是 Transformer（网络架构）的首字母，说明它采用 Transformer 解码器架构，构建了 1750 亿参数规模的神经网络模型。

如果用简单的方式来解释 ChatGPT 的核心原理，它其实是在做类似于"单词接龙"的游戏。向 ChatGPT 输入一段文字，它会将输入文本分解为子词单元（如中文词语 / 英文子词），分析上下文语义关系，预测下一个最可能的子词并自动生成，然后通过循环选择子词逐步构建完整文本。

例如，向 ChatGPT 提问：告诉我世界上最高的山峰是？

ChatGPT 生成：珠（第一个字）。

接下来，ChatGPT 会把生成的"珠"字放回原来的模型再预测下一个字。

模型：告诉我世界上最高的山峰是珠_____。

ChatGPT 生成：珠穆（第二个字）。

ChatGPT 会把生成的"珠穆"放回原来的模型再预测下一个字。

模型：告诉我世界上最高的山峰是珠穆_____。

ChatGPT 生成：珠穆朗（第三个字）。

再以此类推。

模型：告诉我世界上最高的山峰是珠穆朗_____。

ChatGPT 生成：珠穆朗玛（第四个字）。

当然，实际上模型可能一次处理多个子词，而非严格逐字生成，但上述例子为简化说明选择逐字展示。另外，模型可能使用概率采样（如 top-k）或确定性方法（如贪婪搜索），但为了简化说明，例子假设确定性生成。

这个不断把生成的子词再放回模型里输出下一个子词的方法叫作"自回归生成"，因为计算速度很快，所以当你输入"告诉我世界上最高的山峰"，ChatGPT 就会很快生成"珠穆朗玛峰"，但其实这些字是它一个一个"猜"出来的。

为什么 ChatGPT 能猜对下一个字呢？它是按照概率来"猜"的，计算机问题最终都会变成数学问题。它提前接受过海量文本的预训练，就像我们虽然不理解"1+1=2"背后的数学原理，但却知道答案一样。ChatGPT 在玩的"游戏"类似于"单词接龙"：根据上下文预测下一个子词的概率，选择最可能的选项。经过训练后，它能计算出在特定语境下哪个子词出现的概率最高，并以此生成内容。

如果一个大语言模型训练的数据集合中有很多与动物相关的资料，你问它"狗有什么"，它会告诉你"狗有尾巴"，但大概率不会告诉你"狗有翅膀"，因为在它学过的语料库中

"狗"和"尾巴"出现在一起的概率很高（如 80%），而"狗"和"翅膀"出现在一起的概率很低（如 10%）；你问它"鸟有什么"，它会告诉你"鸟有翅膀"，因为在它学过的语料库中"鸟"和"翅膀"出现在一起的概率很高（如 80%），而"鸟"和"尾巴"出现在一起的概率很低（如 10%）。

这个过程其实和我们小时候学说话的过程很相似。我们说"喝水"和"吃饭"，也是因为在生活中听到别人说"喝水"比"吃水"多、"吃饭"比"喝饭"多，从而形成了约定俗成的语言规律。而 ChatGPT 也在这样的持续训练中变得越来越"会说话"，其数据训练集已超过 45TB。通过海量数据资料的预先训练，它拥有远超普通人的知识储备，并可以写诗、写文章、制订工作计划甚至编写代码。

另外，ChatGPT 展现出的强大智能与"涌现效应"密切相关。涌现（Emergent）是指大量微观个体通过相互作用，自发产生全新属性、规律或模式的现象。"计算机科学之父"艾伦·麦席森·图灵早在其 1950 年的论文《计算机器与智能》（Computing Machinery and Intelligence）中就提出："学习机器的重要特征之一，是其教师往往对机器内部运行机制一无所知。"大语言模型的设计者，比如 OpenAI、DeepMind 或是 Meta 的工程师们，其实也不清楚这些新兴能力是如何产生的。微软在关于 GPT-4 的论文中提出了这样的疑问：它是如何推理、规划和创造内容的？为什么 GPT-4 本质上只是由简单的算法组件——梯度下降和大规模的 Transformer 架构，以及大量数据组合而成，却能展现出如此通用和灵活的智能？实际上，当GPT-3 具备数百万神经元、千亿个连接和 1750 亿参数，并经过 45TB 的资料训练后，这种涌现效应突然显现，让我们直观感受到了它的智能。

涌现效应在生活中无处不在。例如，生命是大量分子相互作用的产物，每个分子严格遵循物理规律，但是当分子以特定方式聚合时便形成了细胞，大量细胞进一步聚合又催生了生命现象。这种看似简单的结构和交互，在达到一定规模后就会产生质变。再如人类大脑，每个神经元通过突触与其他神经元相互连接，这些连接形成了复杂的神经网络。当神经元之间的相互作用达到一定程度时，便会出现一些超越单个神经元功能的集体特性——意识、思维、感知、学习和记忆等高级认知功能，它们都是大脑神经元网络涌现效应的表现。

蜂群也有涌现效应。蜜蜂会相互协作，通过分泌蜂蜡来共同完成蜂巢的建造。当某只蜜蜂发现一大片可以采集的花丛后，它会返回蜂巢表演一段"八字舞"——其运动轨迹会形成一个数字 8，舞蹈动作简单到只包含一个摇摆运动和一个返回运动。但令人惊叹的是，它的同伴能通过这套简单的舞蹈动作精准地获取花丛的方向和距离等信息，并成功找到对应位置。这种无需中央控制的集体智慧，正是个体蜜蜂间简单交互引发的涌现现象：每个个体遵循局部规则行动，却在整体上呈现出超越个体智能的群体行为模式。

此外，在经济学领域，股票市场、房地产市场等的价格波动现象，是众多投资者买卖行为共同作用的结果，这同样是一种涌现效应；还有城市交通拥堵以及互联网舆情热点的形成，其底层逻辑都与涌现效应惊人的一致。

五、DeepSeek 重塑全球 AI 竞争版图

2025 年新年伊始，中国自主研发的大模型 DeepSeek-R1 横空出世。这家国内初创 AI 公司，以突破性技术挑战美国硅谷科技巨头，引发国际资本格局震荡——英伟达、谷歌、微软等公司股价持续下挫，1 月 27 日纳斯达克综合指数单日跌幅达 3.1%，美股总市值蒸发 1.1 万亿美元。这一事件标志着中国首次在 AI 大模型领域实现历史性突破，彻底打破很多人认为"中国 AI 技术落后美国 1~2 年"的固有认知。它的出现就像一份意外的新年礼物，不仅点燃了民众对中国 AI 科技的信心，更重塑了全球 AI 领域的竞争格局。

DeepSeek 为什么能引发国际资本对中国 AI 技术潜力的重新评估？它是否担得起《黑神话：悟空》制作人冯骥对其"国运级科技"的赞誉？正如行业谚语所言："小火靠捧，大火靠实力。"所有技术突破的爆火本质上都是天时地利人和的产物，DeepSeek 也不例外。它的成功同样源于以下几个要素的协同作用：技术创新、开源生态、民族叙事与资本套利。这些因素共同点燃了民众对 DeepSeek 的热情，也推动国内人工智能领域迈向新的纪元。

（一）技术创新

DeepSeek 本质上也是一个聊天机器人，但与常规大模型不同，它类似于 OpenAI 的 GPT-1 和 GPT-3-mini，属于"推理型"大模型。这类模型通过强化学习训练，可以执行复杂的推理任务。一般而言，常规大模型不存在"思考"这个过程，你输入问题，它会直接给出问题答案；然而 DeepSeek 这类推理大模型，在回答之前会执行分解问题、多步推理等思维过程。所以在使用 DeepSeek 的深度思考功能时，界面会展示它的推理过程。

DeepSeek 的技术创新主要集中在以下三个方面。

模型架构创新：采用混合专家（MoE）架构、多头潜在注意力机制（MLA）、多 Token 预测机制及群体相对策略优化（GRPO）等前沿设计。

训练流程创新：构建多阶段渐进式训练框架，实现从基础语言能力到复杂推理能力的阶梯式提升。

工程优化创新：开发分布式并行训练系统，在保证模型性能的同时将训练成本降低 40% 以上。

我并非技术专业出身，估计很多人和我一样觉得技术创新方面的解释很枯燥无味，所以接下来我用比喻的方式，让大家更直观地理解 DeepSeek 的创新点在哪里。

假设所有的 AI 大模型都是装修队，最近新来了一个名为 DeepSeek 的装修队，它凭借便宜又高效的优势一举成名，收获了大量的装修订单，它是怎么做到的呢？

1. 模型架构创新——装修队的"智能调度员"

以前的装修队干活是所有人挤在一起刷墙、贴砖、做电路，每个工人什么活都得做（传统 AI 模型）；而 DeepSeek 装修队为了提高装修效率，把工人分成不同小组，分工明确，各司其职。

例如，水电工专门研究水管电路（数学计算），油漆工专注于调色上漆（语言理解），木工只处理木材切割（编程逻辑）。

每个任务自动匹配最专业的小组，既省材料（算力）又能保证装修质量（结果）。这就像给传统的 AI 大模型装了个"智能调度员"，它可以让专业的人做专业的事。

2. 训练流程创新——装修队的"高效培训法"

以前的装修队是这么培养新工人的：先学三年再上岗（模型训练时间长），要求所有工人背熟"装修大全"（用海量数据训练），每天考试直到全记住（暴力训练），结果不仅培养周期漫长，且培养出的工人思维死板，只会按"装修大全"操作，遇到现实中的复杂问题就不知如何下手了。

DeepSeek 装修队对新工人的训练方法进行了调整。

（1）动态设计图纸：先教工人掌握户型图解析（核心规则）；遇到承重墙等建筑结构难题时，现场教授结构力学知识（针对性学习）；边干边学，并在此过程中实时纠正错误（动态调整训练重点）。

（2）突击特训薄弱项：发现某工人贴瓷砖总贴歪，就针对性加练 100 次（强化特定能力）；水电组学完基础技能后，通过模拟"水管爆裂"场景训练应急处置能力（压力测试训练）。

（3）老师傅带徒弟：让贴砖冠军带队指导新手（知识蒸馏技术）；将资深工人的施工经验转化为标准化操作流程供新人学习（参数迁移）。

因此，DeepSeek 装修队培养新人的速度非常快，而且当新人遇到复杂的新问题时都能快速予以处理，比传统装修队更具应变能力。

3. 工程优化创新——装修队的"省钱秘籍"

以前的装修队装修成本很高，因为他们必须买进口电钻（英伟达芯片）才能完成打孔、安装等作业。而且这个国外的电钻公司不卖高端产品给其他国家（芯片限制出口），高性能的电钻只给自己国内的装修队用，给 DeepSeek 装修队的普通电钻存在性能瓶颈，工作效率不高。

同时，很多装修队还存在资源浪费现象：每次装修都配备10 台电钻，实际只用得上 3 台（算力资源浪费）；建筑材料无序堆放，导致作业空间阻塞（内存浪费）。

DeepSeek 装修队为了省钱和提高效率，采取了以下措施。

（1）工具改造：通过自主研发将普通电钻升级为"智能脉冲模式"（芯片指令优化）；搭载国产高性能电机系统（华为昇腾 910B 等国产芯片），实现打孔效率反超进口设备。

（2）空间魔术：将瓷砖切割区搬到阳台，建立材料周转区（数据缓存优化）；电工木工共用多功能操作台，实现工种协同作业（内存共享技术）。

（3）能效革新：关掉不用的电灯，实施动态照明管理系统（无效计算剔除）；白天用反光板替代部分照明（低精度计算应用）。

这样一来，不光装修材料费用节约了，买电钻的费用节约了，连装修用的电费也只是原来的一小半。

最终，在 DeepSeek 装修队的不断努力之下，他们用旧房改造的预算标准，打造出星级酒店的装修效果（成本低）；别人装毛坯房要半年，他们精装别墅只用半个月（速度快）；装修质量还好，客户拿放大镜都找不出瓷砖缝（精准度高）。

报价是别人的 1/10，工期是别人的 1/5，还能用国产工具装出顶级效果，这样一个装修队自然引发了国内外的轰动，也让中国的装修行业跻身国际顶尖行列。

（二）开源生态

更具行业颠覆性的是，DeepSeek 装修队还把自己的装修方法和培养新工人的方式告诉了全世界所有的装修队（算法开源），大家都可以学习它的这个模式。与之形成鲜明对比的是，传统头部企业 OpenAI 装修队长期采取技术封闭策略，大家都不知道他们装修队内部是怎么操作的。随着 DeepSeek 装修队不断无偿公开自己的模式，OpenAI 装修队害怕失去自己在装修行业的主导地位，于是开始联合其他垄断势力对其实施技术封锁。而众多中小型装修队则将 DeepSeek 视为打破行业垄断的关键力量，毕竟首次出现愿意带领中小企业共同进步的技术领导者，因此纷纷选择加入其技术生态阵营。

通过这样的行业隐喻，是不是感觉技术创新也没有那么枯燥和难以理解了？

DeepSeek 通过完全开源模型架构与训练方法论，打破了硅谷巨头对 AI 核心技术的黑箱垄断。其开源策略让全球开发者第一次获得与 GPT-4 同级的推理框架工具包，直接激活了中小企业的创新能力。同时，这个开源策略吸引了全球超百万开发者参与模型迭代优化，形成独特的"众包式技术进化"，这也标志着 DeepSeek 走进了 AI 大模型领域的"安卓时刻"——通过开源生态构建技术共同体。杭州、深圳等城市顺势打造"东方 AI 创新高地"，与美国硅谷形成全球双极格局。在英伟达 H100 芯片禁运背景下，DeepSeek 通过算法优化实现消费级显卡（RTX 3050）驱动 32B 参数规模模型，导致国产芯片（华为昇腾）的订单排至 2026 年。开源战略让技术创新从"独乐"变为"众乐"。

（三）民族叙事与资本套利

DeepSeek 的爆火，其实也离不开民族叙事和资本套利在背后的推动作用。

2025 年作为"十四五"规划收官之年，对我国经济转型升级具有非常关键的战略意义。为了统筹化解房地产、地方债务、中小金融机构等风险，培育新的经济增长引擎至关重要。以人工智能为代表的新质生产力正成为推动产业升级的关键力量，而 DeepSeek 的技术突破恰逢其时。作为 AI 科技企业代表，其创新成果不仅可以引导国际资本对中国科技价值进行重估，还能带动阿里巴巴、华为、字节跳动这类科技公司加大在 AI 领域的投资，进而激发就业市场上对 AI 以及 AI 相关行业（芯片、能源、传媒）人才的需求，对国内经济起到非常良性的刺激作用。所以，DeepSeek 在 2025 年春节期间一直出现在热搜上，这与我国女排奥运夺冠引发的民族自豪感具有异曲同工之妙，均起到了提振市场信心、凝聚发展共识的积极作用。

我们夸赞自己的民族企业很正常，但是如果大家留心新闻会发现，国际资本也在为 DeepSeek "拍手叫好"。《自然》《麻省理工科技评论》等国际权威科技媒体高度赞扬其模型性能强大、成本低廉，有的西方科技从业者甚至说"中国科技企业连产品命名都充满想象力"。为什么他们要做这样的事情？其实这和国际资本的套利行为有很大的关系。2024 年，美国的 AI 概念股估值已达历史高位，部分机构预判回调风险。DeepSeek 的技术突破被解读为行业格局变化的信号，国际资本通过做多中国科技资产、做空美国 AI 概念股的对冲策略实现套利。数据显示，相关事件导致英伟达股价单日跌幅达 7.3%，市值蒸发约 580 亿美元，谷歌、微软等企业也出现不同程度回调，形成跨市场的资本流动现象，这一案例揭示了全球科技产业竞争中资本与技术相互作用的复杂机制。

第二节　观自己——AI 给职场众生带来的机遇与挑战

AI 技术在提高生产效率和降低运营成本的同时，也以前所未有的速度重塑着行业格局和就业市场形态。在这轮技术迭代浪潮中，传统职业体系面临结构性调整，部分岗位出现停滞、萎缩，甚至可能退出历史舞台。但与此同时，人工智能催生的新型工种也如雨后春笋般涌现，呈现蓬勃发展之势。人工智能发展到今天已经不再是一个空洞的概念，越来越"聪明"的 AI 正在悄无声息地渗透进各个行业。文字、图片、视频、音频的自动生成，甚至是无人驾驶、金融风控、医疗诊断、法律建议等，AI 都能信手拈来。

AI 是否会导致劳动者收入水平下降，甚至会替代掉一部分工作岗位？一些职场人士担心自己稍不留神，就会被时代所抛弃，成为历史前进的滚滚车轮下的尘埃，并为此感到焦虑甚至恐慌。历史经验表明，类似担忧并非首次出现——19 世纪初英国纺织工人曾通过破坏珍妮纺纱机表达对技术变革的抵触，但这并未阻挡工业革命的进程。科技在发展，时代在前进，恐慌解决不了任何问题，我们不如辩证看待 AI 技术革新，主动拥抱其所带来的职业发展机遇与挑战。

一、动态变化的职业类型

工作从来没有高低贵贱之分，只是在不同的经济结构下，人们基于社会分工承担不同的职责。我国作为历史悠久的农业大国，在现代化农业技术普及之前，种地、施肥、浇水、收割就是大多数人日常从事的工作。

随着蒸汽机革命、电力革命、计算机革命等技术浪潮的推进，社会生产效率大大提高，运营成本显著降低，一些曾经耳熟能详的职业类型逐渐淡出历史舞台。例如，"火车司炉"曾是蒸汽机车时代的重要工种，主要负责锅炉燃煤操作。随着内燃机取代蒸汽机，蒸汽机车从中国国铁全面退役，该职业也正式退出铁路系统。通信行业的职业变迁更为典型，从电报收发员、电话接线员到 BP 机寻呼员，这些工种都已从人们的视野中消失。与之形成鲜明对比的是，移动通信技术催生了手机销售、智能终端维修、数字内容运营等新兴岗位。仅以手机配件产业为例，深圳华强北聚集的 5000 余家商户中，超 2000 家从事手机壳相关业务。据相关机构预测，到 2028 年全球手机壳市场规模将达 1290 亿元。

所以，当你看到过去短短几十年间，公交车售票员、电梯操作员、录像带租赁员、打字员、唱片工、胶卷冲印师、货郎、铁匠等职业逐渐淡出历史舞台时，不必过度焦虑，你更应该看到的是云计算工程师、物联网工程师、大数据分析师、金融理财规划师、电商主播、医疗陪诊师、无人机操控员等新兴职业正如雨后春笋般涌现。

旧的职业已趋于饱和，新的职业在加速发展，在此背景下，跨界探索才是职业发展的明智选择——多探索，多试错，就有更多机会。

二、容易被 AI 替代的职业

要判断哪些职业容易被 AI 替代，就要先了解人工智能的强项。与人类相比，AI 在文本生成、高速运算、流程化操作、信息存储、数据筛选与趋势预测等方面具有显著优势。如果你的岗位职责中包含较高比例的此类工作，那么你的职业被 AI 替代的概率就会较大。此外，从工作性质上分析，AI 尤其擅长替代掉那些标准化、流程化、重复且缺乏创造性的岗位。

以下是一些容易被 AI 影响的职业类型。

1. 翻译

ChatGPT 4.0 已经可以支持超过 90 种不同的语言和方言，如中文、英语、西班牙语、法语、俄语、阿拉伯语等。再加上有道词典等软件的拍照翻译、科大讯飞智能耳机的同声传译，以及网页翻译插件等 AI 工具的普及，我对"未来人们将不需要学习外语就可以顺畅交流"这一观点持乐观的态度。

语言本质上只是沟通工具，要想单纯依靠语言能力就业，就一定要将自己的专业能力提升至行业顶尖水平。现如今大部分 AI 系统的外语处理能力已经超越了基础翻译人员，除非是金融、医疗等高度专业化领域，以及政治、外交等敏感场景的高端口译需求外，标准化翻译工作正面临技术替代风险。从

2022 年开始，ChatGPT 等 AI 工具的面世也确实明显影响了翻译行业的岗位数量和薪酬回报，这也印证了技术变革对就业市场的重塑效应。

2. 客服

当前不论是铁路、民航还是网络购物，大多数产品和服务的客服工作其实都已经悄然由 AI 系统接管。

很多传统客服的工作流程是非常标准化的，主要处理订单查询、售前咨询及售后服务等常规问题。如果提供人工客服 24 小时在线服务，企业往往需要承担高昂的人力成本，而且客服人员在面对客户投诉的时候很难做到毫无情绪波动。而 AI 不但能 24 小时在线解决那些常规问题，还能根据用户画像提供个性化服务建议，甚至可以处理一些投诉。据统计数据显示，近年来国内企业客服中心 AI 渗透率持续上升，直接导致呼叫中心座席数量逐年减少。

另外，AI 语音助手已实现自动化外呼营销功能，可在保险推销、贷款咨询等场景中替代人工进行电话销售，这也导致该领域岗位需求持续下降。

3. 柜台人员

柜台作为交易处理、数据录入、结算操作及票据打印的场所，其核心功能已逐步被 AI 技术覆盖，所以未来实体柜台可能不再需要专职人员值守。

无论是银行柜台还是超市、便利店收银台，可能都将如机场自助行李托运系统或超市自动结算终端一样，转型为智能服务柜台，仅保留少量协助客户操作及处理突发问题的工作人员。

4. 文字编辑

2024 年 2 月，Henley Wing Chiu 团队为了搞清楚"哪些工作更有可能被 AI 替代"这个问题，专门研究了 ChatGPT 发布前一个月（2022 年 11 月 1 日）到 2024 年 2 月 14 日 Upwork 上的自由职业工作数据。经数据对比和分析，他们发现写作类岗位需求下降了 33%。

当前的 AI 系统可以快速地围绕特定话题生成相应的内容，且普通人难以分辨其与人类创作的差异。2023 年，清华大学沈阳教授团队借助 AICG 创作而成的科幻小说《机忆之地》，获得了江苏省科普作家协会主办的第五届江苏青年科普科幻作品大赛的二等奖。

自动化文档处理工具可以完成常规文件操作，这也导致对应的岗位数量有所下降。即使在法律、金融、人力资源等专业性比较强的领域，AI 也能进行部分文件处理工作，如合同起草和审阅等，因此专业性的基础文字编辑岗位也会受到一定影响。

5. 基础图像与视频编辑工作

通过利用深度学习算法和计算机视觉技术，AI 正逐步实现图像及视频编辑的自动化处理。例如，AI 系统可以自动调整图像的色彩、对比度和亮度，去除图像中的噪点和瑕疵，甚至可以按照文字表述自动生成优质的图像。

在视频编辑方面，AI 技术可以自动剪辑视频、添加特效和字幕，以及进行视频的转码和压缩等操作。这些自动化操作将大大提高图像或视频编辑的效率和质量，减少人工编辑的工作量和时间成本。

同时，AI 技术还可以为图像和视频编辑带来更多的创意和可能性。例如，自动生成特定艺术风格的图像和视频，以及进行虚拟现实和增强现实方向的内容创作。此类创新在丰富创作形态的同时，也会降低影视行业对特效制作岗位的需求。

6. 数据录入员与基础数据分析

随着自动化技术和机器学习算法的发展，数据录入的部分工作可能会被自动化工具所取代。例如，会计和审计工作大部分都是围绕数据采集、分类核算、财务分析及报告生成等来开展的。AI 系统可以快速、精准地采集和处理大量的数据，自动生成较为专业的财务报告，并且通过智能校验机制显著降低人为错误率。

此外，AI 算法可以进行快速的数据挖掘和分析，因此部分金融分析和数据处理工作岗位也会被替代。

7. 装配工

有了 AI 的加持，生产线上的机器人能够更加精确、快速地完成产品的搬运、焊接和组合等操作。它们不仅可以 24 小时不间断地工作，而且显著提高了生产效率和良品率。

随着全智能装配线在制造业的落地开花，传统生产线上从事重复性劳动的装配岗位需求逐步减少，自动化机器人已逐步承担部分重复性的生产工作。

8. 质检工

利用机器视觉和深度学习技术，AI 系统能够对生产线上产品的尺寸、重量、规格、瑕疵度进行精准快速的检测，在数秒内完成产品合格性判定，并且自动生成相应的质检报告和缺陷分析图谱。

据行业统计，采用智能质检系统的企业产品误检率明显降低，检测效率可提升数倍。基于此，质检员这个岗位未来很可能被 AI 替代。

9. 内容审核员

AI 算法在内容审核领域的应用，正显著减少人工审核需求。通过计算机视觉与自然语言处理技术，AI 系统可高效完成视频、图像、文字等多媒体内容的检测与筛选，其审核效率较传统人工方式显著提升。

同时，AI 算法还可以不断学习和改进。随着数据的积累和算法的优化，它的检测和筛选能力将不断提升，为我们提供更加可靠和准确的内容审核服务。AI 算法的应用为内容审核带来了巨大的便利和效率提升，可以协助创造更加安全、健康和优质的网络环境。

　　此外，无人驾驶技术正在尝试改变传统驾驶模式，无人机也在 AI 的辅助下进入物流配送领域；AI 还可以实现仓库的自动化管理、货物分类和搬运等工作，正逐步承担仓库管理员的那些重复性劳动；在软件开发领域，AI 代码生成工具可完成基础功能模块的自动编写，使简单编程任务的工作效率大大提升，这不仅降低了编程的门槛，也减少了该领域对基础编程人员的需求；在新闻生产方面，当前 AI 已经可以快速生成新闻报道和抓人眼球的新闻标题，大大提高了新闻的生产效率，但深度分析和评论工作仍需要人工完成；在影视游戏行业，AI 辅助 3D 建模与特效生成技术使制作周期缩短，显著降低了影视后期制作成本，影视后期岗位需求也由此受到一定影响；在平面设计领域，AI 可以在学习数百万张图像之后掌握设计美学，所以平面设计和视觉艺术相关的基础岗位需求会减少；在教育行业，AI 可以实现智能教务管理和作业的自动批改，学校对一些行政和助教的岗位需求会降低；在医疗领域，AI 可以辅助医生对抑郁症、癌症、阿尔茨海默病等疾病进行早期筛查，帮助医生提高诊疗的效率和准确度，AI 辅助诊断系统的应用可能会减少医院对一些初级医疗诊断人员的需求；在法律服务领域，AI 法律咨询系统可以提供基本的法律建议，并可以替代一部分行政助理的工作，如会议安排和文件整理等，这些都是 AI 很擅长的能力。

　　值得注意的是，虽然 AI 涉足的领域很广泛，但是在各行业的应用深度还有待提升。即便 AI 可以提供法律、医学、设计、行政、数据分析等专业领域的内容，但是其提供的更多的是较为基础的建议。只有针对特定细分领域进行海量数据训练的 AI，才有可能真的替代某个岗位。然而，AI 工具的研发、AI 模型的训练需要大量的时间和金钱成本，通用模型的发展一定会比特定细分模型更快。因此，AI 在替代一些工作岗位的同时也可以辅助你把当前的工作做得更快更好，甚至赋能你去探索其他的岗位。例如，未来只要有好的产品思路，也许不需要掌握编程技能就可以用 AI 做出专属于你的定制程序。

工具本身不会取代人类，但善于运用工具的人终将淘汰不擅长使用工具的人。随着 AI 技术的普及发展，未来就业市场的核心竞争力将体现在两个维度——一是持续提升专业能力至行业前 50% 水平，二是培养与智能工具协同进化的能力，这才是应对产业变革的可持续发展之道。

三、不容易被 AI 替代的职业

人类大脑的左右半球承担着不同的职责：左半脑常被我们称作意识脑、学术脑或语言脑，主要负责理解、记忆、语言、分类、逻辑分析、写作、推理，以及嗅觉、触觉和味觉等；右半脑则主要负责空间形象记忆、直觉感知、情感体验、身体协调、视知觉、艺术创作、音乐节奏感知、想象力构建、灵感激发和顿悟等，因此也被称为本能脑、潜意识脑或艺术脑。

当前 AI 的智能化表现主要集中在模仿人类左半脑功能，如语言、逻辑分析、学术思维甚至是嗅觉。谷歌公司与莫奈尔化学感官中心等研究机构研发出了一种可以仅根据分子结构就能预测其气味特征的 AI 工具——气味图谱。经过气味分子的大数据训练，它不仅适用于辨别已知的气味物质，也可用来辨识结构非常相似的气味物质。气味图谱不仅可以用于食品业和农业，以预测和发现新的化合物、香料和食物，还可以用于化工产品和化妆品的研发以及生物医学等领域，其"嗅觉"灵敏度比犬类嗅觉系统要可靠得多。

然而，对于右半脑主导的直觉、情感、艺术、灵感等感性认知功能，AI 技术目前仍难以实现深度模拟。因此，以情感交流、人际关系管理、道德伦理判断、艺术创作等关键能力为核心的职业，在短期内并不会受到 AI 技术的冲击。以下五类岗位在可预见的未来仍具有不可替代性。

1. 强社交属性

人工智能暂时无法在社交和各类体验活动中与人进行自然且深度的交互。因此，需要通过人际沟通与社交协作完成任务的岗位目前很难被 AI 替代，包括但不限于旅游行业的旅游产品经理、酒店体验师、研学旅行指导，活动策划领域的会展策划、演唱会运营专员，以及公关、咨询、人力资源管理、线下销售以及团队管理等岗位。

2. 强情感属性

AI 能够理解部分人类场景和对话，也可以根据我们的要求做出相应的回答，甚至可以通过机器人载体模拟喜怒哀乐等表情。然而，目前的 AI 技术还无法进入意识领域产生真正的情感，因此难以胜任需要深度情感交互的工作。幽默、同理心、情绪这些人类独有的情感特征，让脱口秀演员、心理咨询师、婚恋咨询、疗愈师、演员、宠物情感护理等需要理解并表达复杂情感的职业显得更加珍贵。

3. 强创意属性

AI 虽然可以生成文字、音频和视频等内容，但是更多的是依赖既有知识库进行内容重组，这些内容大多不具备突出的创新性和独特性。因此，那些需要在人类知识和创意边界做探索的职业不会轻易受到 AI 的影响，如艺术家、音乐家、作家、数学家、教育家、科研工作者、设计师等。同时，他们凭借自身的知识沉淀、过往经历和天马行空的想象力，能在 AI 的帮助下更高效地突破人类在各个认知领域的边界。

4. 强技术属性

随着经济和科技的发展，技术密集型体力工作者的人力成本越来越高，部分行业已出现"新蓝领"的薪资超过普通白领的现象。其实不论是美国、加拿大还是德国、法国等欧美国家，电工、装修工、理发师等技术型体力工作者的薪资收入甚至高过了部分程序员。这类职业需要同时具备专业技术知识、身体协调能力和环境适应智慧，其工作场景的动态性、操作对象的个体差异性以及服务过程的情感交互特征，构成了 AI 难以突破的技术壁垒。以装修工作为例，面对不同户型的空间布局、材料特性和客户个性化需求，人类劳动者能实时调整施工方案，这种现场决策能力是当前 AI 系统难以复制的。所以，美容美发师、健身教练、消防员、电工、水管工、育婴师、家政服务人员、运动员、体育老师、装修工、传统手工艺人等职业在未来被 AI 替代的风险较低。

5. 强道德 / 宗教属性

道德判断和伦理价值体系是人类社会许久以来积淀下来的宝贵财富，也是难以被 AI 替代且大多数人普遍抗拒被 AI 介入的领域。例如，法律和宗教领域通常都会涉及价值判断和道德考量，如果法院用 AI 来进行司法裁判、宗教机构用 AI 来进行心理咨询或伦理指导，其公信力将面临严峻挑战。因此，与哲学、宗教、伦理决策和社区治理等相关联的职业短时间内不会受到 AI 较大的冲击，如法务人员、社区工作者、哲学研究者、警务人员等。

由此可见，那些重复度低、流程标准化程度弱、人际沟通频率高的工作类型暂时难以被 AI 替代。因此，想要提升自己在职场中的不可替代性，可以从以上这些维度来评判自己的工作内容，同时有目的地增强自己应对突发事件的能力，提高自己的社会交往能力、创造能力、沟通能力、共情力等。而在工作和生活中，当需要运用规划、预测、逻辑、记忆、计算等功能的时候，可借助 AI 的力量为自己赋能，让工作开展得更加高效。

四、AI 与职业发展的关系

生成式 AI 与人的协作模式通常可以分为三种：嵌入模式、副驾驶模式和智能体模式。比尔·盖茨曾预测：随着 AI 技术的广泛应用，未来人类将不再需要使用各种不同的应用程序来完成不同的任务。用户只需要动动嘴巴或者手指，向手机或计算机等智能终端设备输入自己当前的工作任务，AI 就能按照用户的需求自动处理任务。届时，每个人都相当于拥有了专属的人工智能助理，可以极大地提升工作和生活效率。

人和 AI 协同的三种工作模式

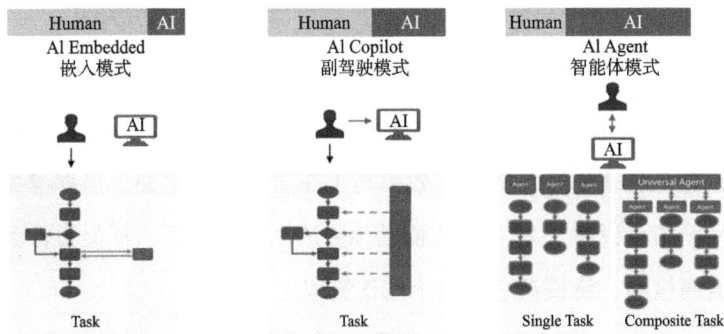

1.嵌入模式

"嵌入"是指将 AI 功能整合到人类工作流程中的协作形态，也就是当你要完成一项工作的时候，可以把其中的一部分任务交给 AI 去处理。例如，当你写一篇论文时，你可以先提出论文的主题，再用 AI 去帮你构建整个论文的框架；当你做一个设计稿时，可以先通过文字描述让 AI 帮你生成基础线稿，你再在其基础之上进行设计和优化；当你处理照片时，你发现背景太杂乱，可以用 AI 一键去除背景杂物、一键调色，让整个图片更加和谐美观。这种协作模式的核心特征在于：在任务流程中，用户是项目的主导，负责设定目标并拆解任务步骤，AI 仅参与其中某一环节的任务，最终成果仍需用户进行决策与把控。

2. 副驾驶模式

在这种协作模式下，AI 像汽车副驾驶上的朋友一样，全程陪伴你执行任务，并在关键环节提供决策建议。该模式的概念是微软在 2021 年提出的，其核心特征是 AI 深度参与任务流程，并在关键节点提供可交互的决策建议。例如，当你准备编写代码时，AI 可以参与整个代码开发流程，实时为你提供代码修改意见，显著提升你的工作效率与工作质量；又比如，当你准备写一篇小说时，AI 可全程协助你完成从主题构思、框架设计到语病检测、终稿润色的整个创作流程。

与嵌入式模式相比，副驾驶模式下 AI 参与的环节更多、决策权更大、与人类的交互更加及时。在此模式下，你好像是拥有了一个项目合作伙伴，你可以随时跟它讨论项目进度，一起头脑风暴，共同优化项目方案，确保高质量完成工作任务。

3. 智能体模式

智能体模式是当前非常流行的 AI 应用形态。在该模式下，用户只需设定目标，然后用文字或者语音向 AI 传达指令，它就会自己设定执行的步骤和框架，在不需要人类参与的情况下独立完成任务并输出结果。其核心特征在于：AI 具有更大的决策权，且自主性和独立性更强，能自行拆分目标、搜集资料、执行任务及迭代优化。例如，自动驾驶系统可以实时感知路况变化、规划行驶路径，并且在突发情况下自动制动以保障车主安全。我们并不需要知道它的操作流程和判断依据，它会根据我们设定的目标完成对应的任务。另外，医疗行业的癌症筛查智能体、教育行业的自动阅卷智能体、影视行业的剧本创作智能体、服装行业的服装设计智能体、音乐行业的编曲智能体等都属于典型的智能体应用。

以上三种 AI 协同模式在我们的工作和生活中较为常用。如果你刚刚开始接触 AI，可以先寻找一些能够提高你工作效率的 AI 工具，让 AI 以嵌入模式与你协作，如利用 AI 自动生成 PPT、智能整理文书报告等，以提高自己的工作效率和质量；如果你已具备一定的基础，可以在目标的设立、拆解、执行和优化等过程中调用不同的 AI 工具，或者使用较为完善的副驾驶类型的 AI 系统，让 AI 成为你工作的好帮手，给你的工作流程全面提速；如果你是 AI 领域的创业者或者 AI 行业的从业人员，应该重点关注智能体模式，比如通过模型优化和数据训练，让 AI 能够在不同的细分应用场景中自主高效地完成特定的任务，从而为人们的工作和生活提供更大的便利。

人类对未知的变化总是充满恐惧，尤其在面对 AI 这类前沿科技时更为显著。但是倘若将时间回溯二三十年，手机、计算机等在父辈眼中也都是高科技的代表。如今，我们每天用手机、计算机时丝毫不会感到困难，甚至无需查看说明书便能运用自如。所以，要想克服对 AI 的恐惧，最好的方式之一就是主动"脱敏"——让自己主动置身于各类 AI 应用场景中，保持开放心态，逼迫自己去体验、去感受，多思考如何更好地将 AI 应用于自己的生活和工作中，并为自己赋能。

AI 的发展历史仅有短短半个多世纪，与数学、物理、化学等拥有数千年沉淀的学科相比，它宛如一个稚嫩的婴儿。所以，我们无需对它过度担忧，只需勇敢地走过去，将它轻轻抱入怀中。

第三节　抓机遇——AI 科技带来的机会与风险

作为第四次科技革命的核心驱动力，AI 技术正在慢慢改变着人们的生活和工作方式。这场由算法、算力与数据共同驱动的技术革命，既为个人与区域经济开辟了前所未有的财富增长空间，也在技术渗透过程中埋下了潜在风险。

一、科技与个人财富的关系

人类历史上先后经历了四次意义重大的科技革命，每一次革命都在前一次的基础上持续演进和深化，对经济、文化和社会的变革产生了强大的推动作用。以史为鉴，深入分析和总结过去科技发展历程中社会的变革以及财富流动的方式，有助于我们在当前这轮 AI 技术浪潮中思维更加清晰、行动更加从容。

第一次科技革命：也称为工业革命，大致发生在 18 世纪末至 19 世纪初。这次革命以蒸汽机的发明和应用为标志，实现了生产方式的机械化，推动了制造业发展和城市化进程。

第二次科技革命：发生在 19 世纪末至 20 世纪初，主要标志是电力的广泛应用、内燃机的发明和化学工业的兴起。这次革命使得能源供应更加便捷、交通运输更加高效，同时也促进了工业生产的规模化和自动化发展。

第三次科技革命：始于 20 世纪中叶，以计算机技术、原子能技术、航天技术和基因工程等领域的突破为主要标志。这次革命带来了信息技术的飞速发展，改变了人们的生活和工作方式，推动了全球经济的快速增长和社会的深刻变革。

第四次科技革命：当前正在进行中，涵盖了人工智能、新能源、大数据、量子技术、生物科技等多个领域的创新和融合。这次革命有望进一步改变人类的生产和生活方式，给人们带来更高的生产效率、更好的生活质量和更可持续的发展。

随着科技的发展，社会整体生活质量显著提升。但也有很多人担忧科技的进步会加剧财富的马太效应，即"富者愈富，贫者愈贫"。这其实不无道理，科技革命通常会带来新的产业和经济机会，那些能够率先抓住这些机会的人往往能够获得巨大的财富。在工业革命时期，那些开办工厂和从事机器制造的人通过技术垄断实现了财富积累；在信息技术革命时期，互联网科技、生物医药、数字金融等领域的创新者与资本持有者借助技术红利实现财富的快速增值。

在市场经济中，货币作为价值交换的媒介，其总量会因央行发行、信贷扩张等金融行为而增减。但具体到个体或组织，财富遵循"价值转移"规律——金钱不会平白消失，只会在供需匹配的交易中实现转移。经济的本质是通过分工协作完成价值交换，而商业的核心逻辑是"利他性价值创造"。借助新的科技手段为人们的需求提供对应的解决方案，作为满足别人需求之后的"酬劳"，财富自然就会向你流转。

商业的本质是不断地满足用户需求，通过这种方式推动财富流动。无论处于何种科技背景，永恒不变的准则是：产品的生产和服务的提供必须从客户需求出发，精准定位某类人群的某个痛点，并用有效的方法予以解决。科技的价值，往往在于通过提升生产效率，快速且大规模地满足用户的同类需求，从而实现财富的快速聚集。

例如，抖音能够同时满足无数人的娱乐需求，淘宝可以快速满足人们的购物需求，网易云音乐能够迅速满足人们的听歌需求，ChatGPT 可以高效满足人们对文字生成的需求，Midjourney 能够帮助人们快速生成创意图片，Kimi 可以帮助人们快速阅读文章，妙鸭则可以高效生成不同风格的艺术照等。

在这个过程中，无论是从事科技研发、工程、设计、管理等工作的科技从业者，还是那些能够率先推出新技术、新产品或新商业模式的科技型企业家，抑或是通过提供资金支持科技创业公司的发展并在其成功后获得股权收益的投资人，以及具备与科技相关的特定资源和优势的群体，如拥有石油、天然气、土地、矿产、电力、算力资源的人或群体，都有可能从中受益，并随着科技的发展快速积累财富。

二、科技与区域经济的关系

科技革命引发的财富流动不仅体现在企业和个体层面，更在区域经济发展中显著显现。例如，随着工业化和信息化的推进，沿海城市的产业活力日益增强，吸引了大量企业和人才聚集。当前，各个城市都在积极争夺优质人才，以及与高端制造业、新能源、人工智能等相关的产业集群。各地的 GDP 竞争，实质上就是产业、企业和人才的竞争。

2023 年，广东省 GDP 突破 13 万亿元，连续 35 年蝉联全国第一，这得益于广东省尤其是以深圳、广州为代表的核心城市在电子信息产业（华为、中兴、腾讯、OPPO、vivo）、新能源产业（广汽集团、比亚迪）、生物医药产业（丽珠医药、白云山）、家电制造业（美的、格力、TCL）等科技产业的前瞻布局。这些产业的发展为广东省带来了巨大的经济效益和创新活力。

作为新中国工业的摇篮，东北三省在新中国成立初期被誉为"共和国长子"，曾是国家经济发展的重要支柱。就拿大家熟知的哈尔滨来说，历史上它曾是亚洲知名的国际化都市，20世纪初便拥有我国最早的广播电台、电影院，中央大街作为城市地标，见证了其早期的商业繁荣。

随着时代变迁，以鞍钢、本钢为代表的重工业，以大庆油田、吉林石化为代表的石油化工业，以及以北大荒集团、九三粮油为代表的农产品加工业，曾长期支撑东北经济发展。但近年来，受经济结构调整和市场化改革影响，东北各地地区面临传统产业转型压力与人才流动等新挑战。目前，东北各地正依托自身工业基础与资源优势，积极推进产业转型升级，在高端装备制造、新能源、现代农业等领域培育新的经济增长点，探索符合区域特色的高质量发展路径。

工业革命对地域经济发展会产生深远的影响，因此在选择未来生活的城市时，不妨多关注城市的产业集群和科技发展趋势，看其是否与你的专业及职业发展规划相契合，这样你就能更轻松地找到可以充分发挥自身才能的那片热土。

三、AI 财富浪潮的流动顺序

很多学历不高、文科背景或者从事非技术岗位的朋友在面对 AI 带来的这一轮财富浪潮的时候，可能会有一种力不从心的感觉。因为他们觉得自己完全不懂 AI 科技，担心自己如同那些外贸兴盛时期不懂英语、互联网时代不懂计算机、电商时代不懂直播的人一样，会被时代所抛弃，更别谈从 AI 财富浪潮中分到一杯羹。

其实，所有能够改变人类历史的核心技术，都不会是昙花一现——从技术研发初始到最终落地应用，需要经历较长周期，因此并不存在"来不及上车"的问题。不懂技术、不了解

AI 的朋友，从现在开始仍有足够的时间学习。教育学中有句名言："种一棵大树最好的时间是十年前，其次是现在。"于每个人而言，当下就是最好的学习和入局时机。

需要注意的是，理论知识通常与社会实践存在一定程度的脱节，产业和技术领域的颠覆性创新大都发生在业界，也就是技术和市场直接碰撞的实践场景中。大多数研究往往滞后于企业实践，更多是对企业经验的总结提炼，所以要多研究企业的 AI 应用案例，多参与相关的实习和实践。

李飞飞团队在《2024 年人工智能指数报告》中指出，产业界持续主导人工智能前沿研究：2023 年，产业界贡献了 51 个著名的机器学习模型，而学术界只贡献了 15 个；在基础模型领域，工业界发布了 108 个新的基础模型，而学术界仅发布了 28 个；同年，通过产学合作还产生了 21 个著名模型，创下历史新高，这种合作模式既弥补了学术界的资源短板，也为产业界提供了理论支撑。所以，你从没有学过相关知识也不用过于担心——即便是计算机专业的学生，在学校里学习的也多为基础知识，而行业每隔一段时间都会发生翻天覆地的变化，那些技术从业者在离开校园后也需通过高强度学习持续更新知识，不见得比你更轻松。

现实中，几乎没有任何一家科技公司是仅由技术人才构成的，非技术人才同样是企业运转的重要保障。而且，某些情况下非技术型人才其实可以更早吃到 AI 技术浪潮的红利。当新技术产生的时候，财富流动一般遵循"信息→资本→人力→技术→应用"的链条，具体流动顺序如下。

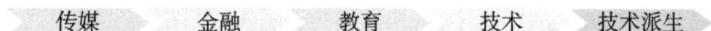

传媒　　　金融　　　教育　　　技术　　　技术派生

1. 第一波赚到钱往往是做传媒的

信息流通需要媒介，所以当一项科技从小众走向大众时，科技咨询平台、行业杂志等传媒机构，以及科技博主等传媒从业者，往往会率先从流量中获得红利。例如，随着 AI 热度不断攀升，不少人迅速转型为科技记者、科技博主、科技分析员，他们通过传播行业咨讯、技术动态，或者将复杂的 AI 技术拆解为通俗易懂的内容，为大众提供技术解读、行业趋势分析等有价值的信息，凭借优质内容吸引流量，从而实现获利。

2. 第二波赚到钱的往往是做金融的

一项新技术从诞生到广为人知需要一定的时间，一部分投资者会在行业发展初期去投资 AI 行业中有潜力的企业，以期通过股权增值获利；有些嗅觉灵敏的股民，也会从股票市场购入一些高科技企业的股票，期望从中获得可观回报；此外，科技金融与产业金融领域的投资机构及从业者，也能从 AI 财富浪潮中分到一杯羹。

3. 第三波赚到钱的人往往是做教育的

当人们看到有人从 AI 相关领域里赚到钱了，就开始争先恐后地进入这个行业。但是，人们永远赚不到认知以外的钱，所以各种线上线下的 AI 培训项目应运而生。从以前互联网刚普及时的计算机操作培训、打字培训，再到现在的各种 AI 软件使用培训，就像淘金热中卖铲子的人总能抢占财富先机一样，AI 培训行业已成为炙手可热的财富风口。除了针对个人的培训，企业端的 AI 培训市场同样值得关注。为了提升自身竞争力，越来越多的企业要求员工在工作中必须使用 AI 以提高工作效率，这使得 AI 企业培训市场呈现如火如荼的发展态势。

4. 第四波赚到钱的往往是做技术的

科技行业很难在一开始就有良好的变现能力，科技公司通常都需要大量的资本投入来加速技术研发和市场拓展。很多软件其实赚钱非常难，大多数的 AI 公司到现在仍然面临巨大的营收压力——哪怕产品做得很好，但是宣发力量薄弱、售后服务缺失，加上获客难、客户留存难、付费转化难等问题，它们极易因现金流断裂而破产。所以，技术型人才在就业的时候，尽量要选择兼具产品研发能力和市场营销能力的公司，这样才能保证自己在 AI 财富浪潮中获得应得的收益。

5. 第五波赚到钱的就是技术派生工作者

所谓技术派生岗位，指的是依托技术或技术平台而产生的新岗位。例如，抖音等平台经济催生了兴趣电商，派生出了主播、中控、投流等新岗位；滴滴等打车平台的出现，则派生出了快车司机、专车司机等新工作；再如，萝卜快跑等自动驾驶平台虽然替代了部分司机岗位，却也派生出了安全员这样的新岗位。这些岗位的从业者通常也能享受到新技术所带来的红利。

所以，在 AI 带来的这一轮财富浪潮中，无论是文科还是理科背景，无论是否具备专业技术，其实每个人都有机会——选择自己擅长的领域，为人们创造并提供价值，就能从中分得一杯羹。关于 AI 行业具体的新岗位和财富机遇，本书会在后续的章节为大家详细讲解。

四、伴随 AI 而来的陷阱和风险

一枚硬币总有正反两面，当你想要抓住 AI 带来的机遇快速致富的时候，也要警惕其中潜藏的各类陷阱和风险。

1. 各种 AI 项目的加盟

以当下极为流行的数字人项目为例，不少公司的数字人产品质量低劣，但他们却会借助大城市与小城市之间的信息差，在小城市或行业新手面前大肆吹嘘该项目的盈利前景。更有甚者，通过将其他公司的商业案例包装成自己的，或者下载一些国内外公司的技术视频冒充自研成果，虚构产品营收和合作案例来骗取加盟费。因此，在加盟任何项目之前，一定要亲自去对方公司总部考察，了解其技术实力并测试产品。同时，尽可能联系已加盟的商家，获取真实经验与反馈。此外，还可以使用企查查、天眼查等软件来查询对方的财务状况、合同纠纷等风险信息。这样可以帮助你更全面地了解该公司的信誉和可靠性，从而做出明智的决策。

2.AI 技术诈骗

很多诈骗分子目前也借助 AI 来"升级"自己的诈骗手段。利用 AI 技术，他们能够轻易地进行深度伪造。例如，诈骗分子会在与受害人通话的过程中录下其声音，然后从抖音、小红书等社交媒体上窃取其面部信息，并通过声音模拟技术将二者进行 AI 合成，制作成诈骗视频。随后，他们会利用这个视频与受害人的亲人或朋友进行视频通话，谎称需要转账或借款。因此，在 AI 时代，任何涉及金钱交易的视频都可能存在风险，建议尽量进行面谈并签署相关的纸质文件。

此外，在虚假中奖骗局中，诈骗分子会利用 AI 技术制作虚假的中奖通知或中奖信息，通过网络、短信等渠道进行传播，吸引受害人参与，然后以各种理由收取手续费、保证金等费用，或者直接骗取受害人的钱财；在虚假投资骗局中，诈骗分子会利用 AI 技术制作虚假的投资平台或投资项目，通过网络、社交媒体等渠道进行宣传，诱使受害人投资，然后以各种理由拒绝提现或直接消失；在虚假贷款骗局中，诈骗分子利用 AI 技术制作虚假的贷款平台或贷款产品，通过网络、短信进行推广，吸引受害人申请贷款，然后以各种理由收取手续费、保证金等费用，或者直接骗取受害人的贷款资金。

所以，大家一定要提高警惕，不轻易相信陌生人的语音、电话、视频、短信等信息，不随意点击陌生链接，也不随意下载陌生软件，遇到问题及时报警。

3. 虚假信息扩散

随着 AI 技术的发展，虚假信息的扩散也是需要警惕的问题。一些人可能会利用 AI 软件制作虚假的音频、视频和文字信息，以达到欺骗、误导公众或获取流量等不良目的。这类虚假信息的扩散可能会对个人、社会乃至国家造成严重的影响。例如，虚假的新闻报道可能会误导公众，影响社会稳定；虚假的医疗信息可能会导致患者延误治疗，甚至危及生命；虚假的金融信息可能会引发市场恐慌，造成经济损失等。AI 技术发展至今，眼见未必实、耳听未必真，我们必须提高警惕——既不要轻易被虚假信息所迷惑，也不要受从众心理的影响而参与虚假信息的转发传播，避免成为其扩散链条中的一环。

伴随 AI 而来的陷阱远不止这些，所以大家一定要保护好个人隐私，谨慎分享个人信息，避免在不安全的平台上过多地暴露自己的资料，以免给不法分子可乘之机。同时，要摒弃快速致富的幻想，提高对 AI 技术的认知，不被虚假宣传所迷惑，更不能利用 AI 谋取不正当利益。

4.AI 导致的认知退化风险

尽管 AI 给我们的工作和生活带来了极大的便利，但是要警惕其可能导致的认知退化风险。过度依赖 AI 容易导致信息获取渠道单一化，使人陷入"数字茧房"，同时还可能导致语言能力和写作能力的退化。

其实，能力退化的现象在历次科技革命中都会上演。比较明显的例子是，在计算器普及之后许多人的计算能力有所衰退，口算、心算的速度和准确率下降，甚至有些人连两位数的加减法都离不开计算器。

而人工智能的发展可能会进一步加剧部分人写作能力的滑坡。现在有很多人高度依赖 AI 来完成文本类的工作，他们通过拼凑和修改 AI 按指令生成的内容来创作自己的作品，渐渐丧失了从空白文档开始独立写作的能力。写作能力退化之后，语言表达能力也会随之退化，现在很多人已经出现了如果不使用表情包单纯靠文字和语音就无法准确表达内心想法的情况。这种认知退化危机在未来或将加剧，导致人与人的能力差距进一步拉大。因此，不要过度依赖 AI，尤其不要让 AI 替代掉你的思考环节。

5.AI 幻觉导致的决策风险

AI 也是会"撒谎"的。人工智能模型在运行中生成看似合理实则错误、虚构或逻辑矛盾的内容，这种现象被称为"AI 幻觉"。哪怕是 OpenAI 的 GPT-4，在逻辑推理测试中仍存在 12% 的虚构结论。Transformer 架构的 token 预测机制可能导致一些确定性事实错误，当你提出的问题超出训练数据的覆盖范围时，大模型甚至会开始虚构内容。

因此，在享受 AI 带来的便利时，也不要忘记建立"AI 质检流水线"，要对其生成的内容进行必要的交叉验证和全方位评估。因为 AI 决策带来的经济与法律风险是需要使用者自己承担的，它可以给你建议，但是一旦付诸行动，它并不会替你承担后果。因此，针对重要决策，仍需人类自身严格把关。

第二章

机遇捕捉：
产业分析与思维转换

第一节　破思维——AI 产业链全景与底层基础

一、AI 产业链上下游解析

在 2024 世界人工智能大会的投融资主题论坛上，中金公司出具的研究报告估算，到 2030 年，中国 AI 产业的市场需求将达到 5.6 万亿元；而 2024 年至 2030 年，中国在 AI 产业的总投资规模将超过 10 万亿元。中国人工智能产业拥有广阔的市场空间已成为业界共识。在上一章中我曾提到，即便你并非 AI 技术专家或科技行业从业者，当科技的浪潮开始涌动，与其相关的传媒、金融、教育、技术及技术派生从业者都能为行业的发展做出一定贡献，也有机会从行业带来的机遇中分一杯羹。

若想享受 AI 带来的红利，就需要先了解 AI 行业产业链的具体构成，如此方能抓住他人难以察觉的机遇。每个行业的产业供应链上下游都涉及众多环节与企业，以大家熟知的房地产行业为例，自 1998 年住房市场化改革启动以来，除房产销售外，其上下游的水泥、建材、玻璃、装修、家电、家具等行业，以及提供房屋贷款的金融行业都获得了蓬勃发展。AI 行业亦是如此，其上下游产业同样蕴含着丰富的机会。下面我们将逐一解析 AI 行业产业链的关键环节。

1. 上游

（1）数据采集与标注：收集和整理大量的数据，并对数据进行标注，为 AI 模型的训练提供基础。

（2）算法与模型研发：开发和优化 AI 算法和模型，提高 AI 系统的性能和准确性。

（3）芯片与硬件制造：研发并生产专用算力芯片和硬件设备，提供强大的计算能力支持。

（4）云计算服务：提供分布式计算、存储及网络资源，构建 AI 模型训练与部署的基础设施平台。

（5）智能传感器研发与制造：设计和生产具备环境感知能力的智能传感器，用于感知和收集环境中的数据。

2. 中游

（1）AI 技术解决方案提供商：将 AI 技术集成到产品和解决方案中，为企业和个人客户定制化开发 AI 技术模块或整体解决方案。

（2）AI 开发平台与框架：开发和提供 AI 开发平台和框架，方便开发者进行 AI 应用的开发和部署。

3.下游

（1）AI应用开发：基于AI技术开发各种应用，如智能语音识别、图像识别、自然语言处理等。

（2）行业应用：将AI技术应用于各个行业，如医疗、金融、交通、教育等，通过智能化改造实现生产效率提升与业务模式创新。

即便是一个简单的AI绘图软件，其背后也离不开一系列公司的贡献。例如，AI在生成内容时需要大量计算，这就需要用到AI芯片，像国外的英伟达（NVIDIA）、英特尔（Intel）、高通（Qualcomm）、AMD，以及国内的华为海思、寒武纪、地平线等都是可以向市场供应芯片的优秀企业。为避免一次性购买服务器、存储设备及搭建数据中心等硬件设施带来的高昂成本，大部分AI公司会选择采购云计算服务，根据实际需求灵活租用计算资源，从而将更多资金和精力投入AI技术的研发和创新中，以此来提升企业竞争力。因此，AI越火爆，为AI提供服务的亚马逊（Amazon Web Services，AWS）、微软（Microsoft Azure）、谷歌云（Google Cloud）、阿里云、腾讯云、华为云等企业就会越受欢迎。此外，数据堂、海天瑞声、星环科技等数据科技公司，百度、字节跳动、商汤科技等AI算法公司，中软国际、东软集团、用友网络等系统集成公司，都是AI产业链上非常重要的环节。

当人们纷纷想要进入AI赛道的时候，很多人的目光只会聚焦在AI应用层面的公司，例如AI+教育、AI+医疗、AI+

金融等，但其实应用层的公司更新换代的速度远快于 AI 上游企业，其行业洗牌的频率也更高。因此，如果想要追求更稳定的工作和更优厚的薪资回报，不妨多关注那些产业链上游的公司。同样一个岗位，上游企业和下游企业在薪资待遇和行业地位上可能都存在一定差异。所以，我们要深入了解产业结构，积极去资源更为集中的上游领域寻求机会，或许在那儿我们能收获更大的发展空间和更多的职业机会。

二、AI 产业发展的重要基础

除了产业链的上下游之外，人工智能的发展其实还有两大重要基础：一个是金融基础，另一个是电力基础。对 AI 行业而言，钱相当于是"奶"，电相当于是"血"，没有资金及时补充"营养"，没有电力随时输送"氧气"，AI 行业便容易夭折。所以，AI 的竞争不仅是技术的竞争，也是金融体系和电力供应的竞争。

1. 金融基础

科技研发，尤其是颠覆性的科技创新，往往需要长时间的积累以及大量研发成本的投入。即便颠覆式创新发生之后，很多科技型企业也难以在短期之内构建盈利的商业闭环。例如，京东在 2004 年转型为电商平台，但直到 2017 年才首次实现盈利；淘宝 2003 年成立，2009 年才实现盈亏平衡。事实上，绝大多数科技型企业，无论是阿里巴巴、腾讯、京东还是字节跳动，在发展过程中都离不开国内外投资人和金融机构的注资。

如果不能在最开始投入大量资金用于技术研发和市场拓展，企业便难以存活；而如果研发的成本不降低，让普通老百姓受益也就无从谈起。

OpenAI 最初是一家非营利组织，依靠硅谷投资人的捐款才研发出 ChatGPT。该机构最开始的目标是不受盈利需求的约束，以最有利于全人类的方式推进数字智能的发展。正因其专注于核心使命，而不是追求商业利益最大化，ChatGPT 才有了爆发的土壤。但是资本总是逐利的，2019 年，OpenAI 从非营利性组织转变为营利性企业，同时在非营利组织主体下创建了限制性营利实体 OpenAI LP，开始实行上限利润模式。

我国一直在着力打造多层次的资本市场，这也是国家在强调科技兴国时会出台一些有利于科技公司的金融扶持政策的原因。灵活多元的金融政策、专业高效的金融机构和眼光独到的投资人可以为科技行业构造坚实的金融基础，在企业成长的各个关键节点提供助力，推动科技企业稳步前行。

2. 电力基础

电力就是 AI 行业的"血液"。AI 技术的训练和推理需要大量的计算资源，包括多个 GPU 甚至是超级计算机集群，特别是在深度学习模型中，这些模型通常包含数以亿计的参数。为了训练这些模型，需要大规模的数据处理和复杂的数学计算，这些计算任务对电力供应的要求非常高。

处理信息是有能量成本的，即使是最简单的计算过程，也会产生能量消耗，所以 AI 在业内还有一个别名叫"吃电巨兽"。荷兰数字经济学家 Alex de Vries 基于 OpenAI、谷歌等机构的公开数据进行估算，若谷歌搜索全面应用生成式 AI 技术，其年耗电量将高达 290 亿千瓦时，也就是每天约 7900 万度；ChatGPT 的日耗电量约等于美国 1.7 万个家庭的日耗电量之和，一年光电费就要花掉 2 亿元人民币。

解决这个问题的方法主要有两个。

一是改变硬件的物理特性，使用其他新型材料来替代高能耗的材料。例如，把传统的"硅基"芯片，替换为石墨烯、碳纳米管等"碳基"芯片。

二是如"科技预言家"凯文·凯利所言："在 AI 之外，我最感兴趣的事情是可控核聚变。如果人类要创造一个富足而无忧无虑的未来，最重要的有两件事：首先是让智能成本大幅度下降，其次就是让能源成本大幅度下降。OpenAI 在做第一件事，而第二件事可能只有可控核聚变才能做到。它能让人类获得无限的清洁能源，这会改变一切。"我国其实很早以前就开始在电力领域布局，已经建成全球规模最大的电力供应系统和清洁发电体系，其中，水电、风电、光伏、生物质发电和在建核电规模多年位居世界第一。

所以，即使你并非 AI 行业从业者，也可以通过深耕科技金融、新材料、新能源等关联领域来参与 AI 财富浪潮。例如，在选择专业的时候尽量靠近这些行业，或者在求职的时候多关注电力、储能、新能源、科技金融等行业的企业，毕竟 AI 的发展离不开"奶"，也离不开"血"。

第二节　新机遇——AI 行业人才需求与发展前景

一、参与 AI 财富浪潮的方式

如果想参与 AI 财富浪潮，你首先要保持对信息的敏感度，踏实地学习和掌握与 AI 相关的知识。当具备一定的认知和能力之后，再结合个人能力和职业兴趣去做相关选择。

你能够提供的是 AI 相关的产品还是服务？

你想进入的是 AI 行业还是 AI 关联行业？

你想把 AI 相关工作作为主业、副业还是创业方向？

产品 vs. 服务、AI 行业 vs. AI 关联行业、工作 vs. 副业 vs. 创业——不同的组合代表着参与市场的不同方式。当下社会分工非常细致，你需要结合上述组合，找到一个足够细小的切入点，然后根据自身规划的方向，储备相关技能及积累实践经验，持续深耕并厚积薄发，如此才能形成强大的职业竞争力，进而一步步达成目标。切忌贪多求全，什么都想要，什么都尝试，最后却"百艺通而无一艺精"。

下面列举四个方向的工作类型，供大家参考。

1.AI 信息服务类工作

例如，传媒、教育培训、行业研究、政策研究、伦理研究等。

（1）传媒：可以作为科技传媒编辑或者科技博主，通过分析 AI 相关数据提供深度报道和独到见解；或参与开发和优化媒体平台的智能推荐算法，运用 AI 工具进行社交媒体的监测、分析和运营。

（2）教育培训：根据学生、职场人士和企业的需求，开展 AI 相关培训课程和教育活动；利用 AI 提供个性化的学习体验，实现个性化教学；或者开发基于 AI 的教育软件、课程和工具。

（3）研究与咨询：研究 AI 在各个行业的应用和发展趋势，为企业提供与 AI 相关的行业研究报告和咨询服务；或者在相关事业单位和研究部门参与制定 AI 相关的政策、法规以及伦理准则等。

2.AI 供应链上下游工作

例如，硬件与技术研发、数据分析、供应链管理、AI 应用软件等。

（1）硬件与技术研发：参与研发和生产先进的传感器技术，以满足 AI 系统对数据采集的需求；研究和开发 AI 专用芯片架构和技术，为硬件供应商提供高性能计算平台解决方案。

（2）数据与供应链管理：掌握数据清洗、预处理和标注的工具和方法，为企业提供数据分析服务；或者从事 AI 产品销售、市场推广及供应链管理工作（包括原材料采购、生产计划制订、物流配送和库存管理等），确保 AI 供应链的顺畅运作。

（3）软件与职能岗位：参与开发各种 AI 应用软件，如智能语音助手、图像识别软件、自动驾驶系统等；或者进入行业相关企业，从事财务、法务、人力资源等职能岗位的工作。

3.AI 应用场景类工作

例如，AI+ 教育、AI+ 金融、AI+ 法律、AI+ 医疗、AI+ 制造、AI+ 游戏等。

（1）AI+ 教育：利用 AI 自动阅卷、课件生成、错题推送等工具，能够更好地开展个性化教育，且减轻老师日常备课和授课的压力。

（2）AI+ 金融：可以使用 AI 工具进行项目进度跟踪、资源管理和风险评估，或应用 AI 算法来检测金融交易中的欺诈行为。

（3）AI+ 医疗：AI 可以帮助医生分析 X 光、CT、MRI 等医学影像，提高诊断的准确性和效率；也可以通过分析患者的病史、基因数据等，预测疾病的发生风险，并提供预防建议；还可以加速药物研发进程，如虚拟筛选药物靶点、优化药物配方等。

就像当初的手机、互联网一样，熟练使用各种先进的 AI 工具可以有效提高我们的工作能力和效率。工具不可以替代人，但会使用工具的人可以替代不会使用工具的人。

4.AI 行业保障类工作

AI 行业的发展离不开金融和电力等各个行业的有力保障，AI 行业发展得越蓬勃，AI 辅助行业的岗位需求也会越多。

（1）金融行业：AI 行业的发展需要大量的资金投入，包括研发、基础设施建设、市场推广等方面；AI 也需要金融行业提供风险投资、贷款、债券发行、支付结算、保险等方面的金融支持。

（2）电力行业：AI 行业的发展依赖于完善的电力基础设施，如变电站、输电线路等；同时，通过智能电网技术，可实现对电力的实时监测、控制和能源分配优化等，支撑 AI 算力系统的稳定运行。

二、AI 行业的人才需求

行业的健康发展离不开综合型的人才结构，AI 行业也是一样：需要懂技术的人研发 AI 产品，也需要懂市场的人参与销售，还需要人力资源、财务、法务、行政等职能型岗位协助公司的整体运营。所以，不论是不是技术型人才，都有进入 AI 行业的途径。由于行业发展阶段不同，即便同属职能岗位，在房地产等行业从事财务工作与在 AI 行业或新能源行业从事财务工作，其薪酬待遇和工作体验也会存在一定差异。

麦肯锡发布的一份关于人工智能的报告显示，预计 2030 年中国对 AI 专业人员的需求将增至 2022 年的 6 倍，人才缺口将达到 400 万人。猎聘大数据研究院在《2024 年一季度就业大数据洞察报告》中指出，从 AIGC 新发职位的职能分布来看，技术类职能占据主导地位，其中算法工程师以 19.30% 的比例高居榜首，产品经理和自然语言处理工程师分别位居第二、第三位；在薪资方面，自然语言处理专家、图像算法工程师和架构师排名前三，平均年薪都超过 50 万元，而算法工程师和深度学习工程师分别位居第四、第五位，平均年薪都超过 48 万元。

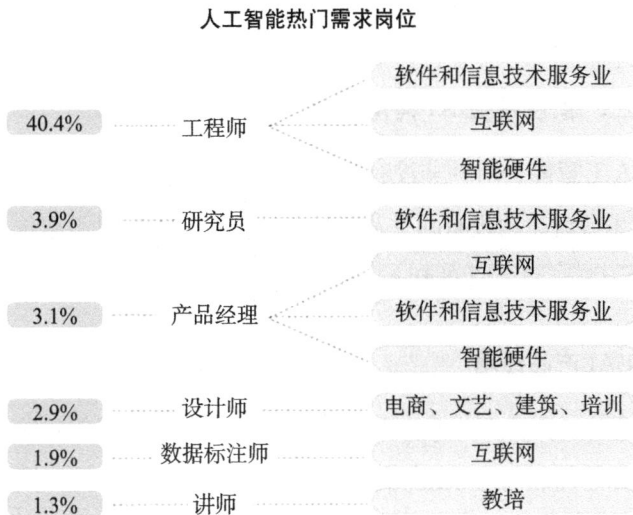

人工智能热门需求岗位

40.4%	工程师	软件和信息技术服务业
		互联网
		智能硬件
3.9%	研究员	软件和信息技术服务业
		互联网
3.1%	产品经理	软件和信息技术服务业
		智能硬件
2.9%	设计师	电商、文艺、建筑、培训
1.9%	数据标注师	互联网
1.3%	讲师	教培

　　其中，重点需求方向集中于物联网、智能芯片、机器学习、深度学习、智能语音、自然语言处理、计算机视觉、知识图谱、服务机器人等领域。算法及研发类人才需求重点包括：图像算法工程师、人脸算法工程师、语音模型算法工程师、AIGC 算法工程师、嵌入式 AI 算法工程师、智能客服算法工程师、智能制造算法工程师、多模态模型算法工程师、通信大模型算法工程师、推理引擎开发工程师、智能推荐算法工程师等。此外，还可以关注大模型评测工程师、智能化测评研发工

程师、大语言模型调试工程师、应用后端开发工程师等岗位。

在专业方面，随着 AI 热潮的兴起，企业对具备人工智能、大数据、大模型等专业背景的学生的需求持续上涨；此外，软件工程、计算机科学与技术、电子信息工程、数据科学与大数据技术、物联网工程、网络安全等专业在 AI 行业的就业率和就业满意度都较高。

三、非技术类 AI 岗位推荐

人工智能公司并非没有文科生的用武之地，即便你不了解 AI 技术或者之前没有相关从业经验，也可以考虑以下职位，将其作为进入 AI 行业的切入点。

1.AI 产品经理

产品经理是在用户和程序员之间起到桥梁作用的角色，主要负责定义和管理 AI 产品的需求、功能和用户体验，同时需要协调程序员的工作。这一岗位要求从业者开展市场调研、客户访谈、竞品分析，精准把握产品定位、产品需求及其核心价值，并运用沟通协调能力和市场洞察力来确保产品满足用户需求。

如果要走 AI 产品经理这条路，你可以先学习成熟的互联网产品经理的模式（相关的书籍和课程资源已非常丰富）；然后，调研目标企业及其竞争对手的 AI 产品，分析产品差异、待改进之处及目标用户未被满足的需求，这些信息在面试的时候都可以为你加分。随着竞争加剧，越来越多的企业要求 AI

产品经理也需要了解一定的 AI 技术原理，所以要在工作过程中积极学习 AI 技术逻辑和产品开发逻辑，为自己下一阶段的职业发展赋能。

2.AI 项目经理

如果沟通协作能力较强且有过项目运营经验，可以考虑成为 AI 项目经理。该岗位需要任职者能制订项目计划、拟定项目预算、控制项目成本，并确保项目质量符合公司和客户要求。同时，对外需要收集客户反馈，及时解决项目开展过程中出现的问题，完成项目验收及项目总结；对内需要与技术岗位的同事做好沟通，并协调跨部门协作。所以，对于具备出色的沟通技巧、项目管理能力及执行力的人来说，应聘该岗位是个不错的进入 AI 行业的机会。

3.数据标注师

目前数据标注师、数据标注实习等岗位的需求很大。例如，金融、医疗、教育、客服等行业都需要为 AI 提供专业标注服务。该岗位需要从业者对数据进行分类、标注，并审核人工智能生成的内容。虽然工作内容有些枯燥，但非常适合全职妈妈、大学生、学历较低人群将其作为进入 AI 行业的第一份工作。该岗位就如同 AI 的启蒙老师，通过给机器"挑错"并指导其"调优"，助力 AI 大模型进步——就像教孩子学走路一样，AI 的每一次技术迭代都离不开数据标注师的引导。

从事数据标注工作时，从业者不应满足于仅掌握基础操作，还需学习算法知识和其他专业知识，力争成为"复合型人才"，如此一来薪资待遇将远超普通数据标注师。当能够管理团队之后，还可以往数据标注项目经理的方向提升自己，如定期输出标注过程中的标准文档，每天对相关数据标注师的工作情况进行考核登记，还可以组织一些外部供应商的培训和答疑等工作。

4.AI 训练师

该岗位的工作职责在不同公司略有差异。有的电商公司需要具备电子商务背景的人用自然语言训练和优化 AI 客服系统，让 AI 客服能够更好地理解公司的业务模式和应对客户的售前、售中和售后咨询，同时扩充并优化口语化问法及答案，提升 AI 客服的交互能力；有的公司倾向于招聘具备语言文学类背景、熟悉行业相关业务和数据素材的人才，负责制定数据素材标注规范和质检流程；而有的公司则将 AI 训练师的工作等同于非技术类的数据标注岗位。所以，求职者可结合自身专业或职业背景，以相关岗位名称为关键词来投递简历，参与企业 AI 工具的训练工作。

5.AI 行业运营岗

人工智能软件产品和其他互联网产品一样也需要运营。例如，某公司开发了利用 AI 来检测毛囊并辅助治疗脱发的软件，就需要通过内容运营来进行互联网软文推广、产品营销；需要通过用户运营来维护自己积累的客户资源，提高其复购率或者促进老客带新；需要通过活动运营协助策划线上线下的相关活动，以提高品牌知名度，提升用户参与度和活跃度；需要运营人员与产品团队协作，参与产品的规划和设计，确保所推出的产品符合市场需求和用户期望。

6.AI 行业销售岗

面向 C 端（即面向个人客户）的 AI 企业与其他提供互联网产品的企业一样，也需要优秀的销售人员为其打开市场、拓宽销路。例如，AI 客服系统销售、AI 作业批改产品销售、AI 疾病检测服务销售等岗位，都需要负责收集、整理各类市场数据，通过各种渠道开发新客户及维护长期客户，并完成公司制订的销售计划。

对销售类岗位而言，最重要的并非沟通能力，而是筛选产品的能力——好的企业、好的技术、好的产品，其实并不需要太多所谓的"销售技巧"。所以，在应聘销售类岗位的时候要尽量选择那些产品技术过硬、品牌声誉良好的企业，这样完成销售任务的压力会小些。该岗位后期可以往 AI 销售经理、AI 销售顾问、市场营销总监的方向晋升。另外，AI 行业也需要大量的售后服务人员来负责处理客户投诉、设备维修等工作。

除上述岗位外，还有将金融与 AI 结合，协助企业完成市场调研和产品分析工作，为投资决策提供支持的 AI 投资岗；调研和跟踪国内外 AI 的发展动态，根据项目进度完成技术报告与文档，并撰写项目申请方案的 AI 行业研究员；熟知各类 AI 技术原理、行业应用案例及教学方法，为个人和企业提供 AI 培训业务的 AI 讲师；熟练使用各种 AI 工具，并能将其用于创作小说、短视频文案和游戏 NPC 脚本的 AI 文案创作等。此外，如果从事的是财务、人力资源、行政、法务、品牌、公关等相关职能工作，可以采用"换行不换岗"的策略，在了解 AI 行业当前的发展情况和基本的商业模式之后，跳槽到 AI 相关企业继续从事原职能工作。

第三节　轻副业——低成本开启 AI 副业探索

一、思维转换：从消费者思维转向生产者思维

想创造更多的社会价值、为自己跟家人提供更好的物质生活条件，是非常值得肯定的追求。但是一定要记得"人永远挣不到认知以外的钱"，所以在尝试做副业时，建议大家先提升自己的认知水平，再从自己熟悉的人群和商品入手，用低成本

试错的方式去探索财富机会。

想做副业，首先要从思维上要进行转变，让自己从常规的消费者思维转向生产者思维。

为什么现在很多人工作非常努力，却始终赚不到钱或者存不下钱？很可能是因为他们努力工作的出发点就是为了开更好的车、住更大的房、买更漂亮的衣服或者去更美的地方旅行，也就是说所有行动的初衷都是为了消费。所以，当赚到钱或者工资到账的那一刻，他们首先考虑的并不是如何继续投资自己的大脑、投资自己的事业，而是要"奖励自己"，要尽量去消费，用外在的物质去彰显自己的能力和价值，最终形成"越努力越消费"的循环，自然也就留不下什么钱。

努力工作
目的是为了消费

消费者思维

想买更好的	**买东西**
攀比心理和商业广告	通过消费体现个
不断让你产生新的需求	人社会价值

所以，开启副业的第一步，就是将自己的"消费者思维"转变成"生产者思维"：每次消费时都要思考一下，这个产品满足了我的什么需求？商家向我提供了什么服务？我对他的产

品和服务是否满意？产品和服务有没有可以改进的地方？客单价是多少？它的利润是多少？通过观察生活，商业思维就会在悄无声息中形成，毕竟社会是最接地气的"教科书"，可以让我们学到很多无法在课堂里学到的知识，所以一定要在日常生活中多观察、多体悟。

想做副业，首先要学会"卖东西"，因为几乎所有商业模式的底层逻辑都是这三个字。你要先思考如何完成商品或者服务的闭环：自己要服务哪一类客群？借助 AI 可以提供什么产品或者服务？该如何获客？成本是多少？利润空间如何？然后给自己留出一定的试错周期，如一个月或半年。

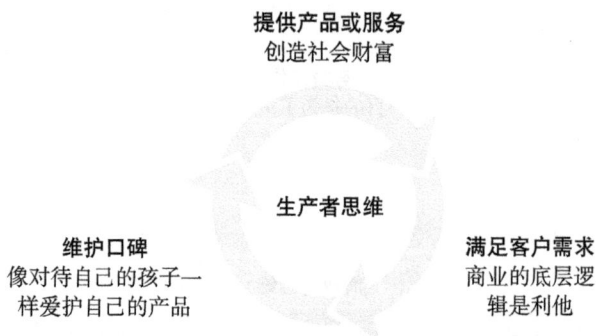

提供产品或服务
创造社会财富

生产者思维

维护口碑
像对待自己的孩子一样爱护自己的产品

满足客户需求
商业的底层逻辑是利他

即便商业模式相同、销售同类产品，因为每个人的兴趣爱好跟能力结构是完全不同的，所以别人能做好的你不一定也能做好。但同样的，当你碰到了真正适合自己的副业类型或者商业模式的时候，付出同等的努力，你的收获也会比别人更多。我并不建议大家做什么事情都盲目坚持，而应设定试错周期，定期做好复盘和分析，当发现结果不尽如人意的时候就果断放弃。当今这个时代机会众多，你没必要死守着一口"枯井"，渴望用自己的坚持让上天为你降下甘霖。不要自我感动，因为你的客户不会因为同情或敬佩你而为你买单。

选择服务人群时，建议大家从自己最熟悉的人开始，比如家人、朋友、同学、同事、同龄人等，因为你与他们接触较多，能更好地挖掘并满足他们的需求。例如，职场新人常面临办公效率低、职业技能待提升、行业信息获取难等问题，因此办公软件操作培训、职业规划咨询、行业资源对接等服务，便成为他们的高频需求。其他群体也可依此逻辑，结合自身经验提炼其共性需求。

二、AI 相关副业分析

接下来分享一些与 AI 行业相关的副业类型。需要说明的是，AI 行业技术迭代速度非常快，所以本书写作时推荐的工具，读者阅读时未必仍然适用。但是商业模式和用户需求的存续周期相对更长，建议大家结合自身情况拓展应用。绝大多数 AI 企业在软件开发过程中都投入了大量研发成本，所以他们的 AI 软件通常以盈利为目标。本节所提到的 AI 工具只作为参考案例，不含任何推荐和引流目的，请谨慎考虑是否要为使用这些 AI 工具而付费。

1.AI 自媒体辅助创作

我们可以利用 ChatGPT、豆包、Kimi、文心一言等 AI 聊天机器人，高效生成抖音、快手、小红书的口播文案和短视频拍摄脚本。剪映等剪辑软件也推出了文字生成视频的功能，我们可以将其提供的视频素材合成在自己创作的自媒体视频中。当有广告主要投放广告时，我们还可以用 AI 工具创作广告脚本协助变现。工作效率提升后，单人可同时运营多个账号，构建自媒体矩阵。

2.AI 翻译服务

我们可以借助 DeepL、象译翻译、网易见外、阿里翻译、火山翻译等工具，再结合自己的专业提供相关领域的翻译服务，如论文翻译、医疗翻译、短剧翻译、合同翻译等。接单渠道包括小红书、闲鱼、公众号、Boss 直聘、实习僧等平台。

3.AI Logo 设计

一般来说，创业公司或者小型个体户（如餐饮、书店、美甲店等）在开业的时候大多有 Logo 设计需求。我们可以利用 Turbologo、Tailor Brands、Canva 或 Midjourney、Stable Diffusion 等 AI 设计工具，结合客户要求的风格和公司名称，快速生成 Logo 初稿，再根据客户反馈进行调整。如果无法使用这几个工具，也可以在搜索引擎中搜索 "AI+Logo 设计"，从搜索结果中选用其他 AI 图像工具。获客渠道推荐淘宝、闲鱼、小红书等平台。

4.AI 图片生成

我们可以使用 Midjourney、Stable Diffusion、文心一格、通义万相、超能画布、可图 KOLORS 等软件，按照用户需求生成创意图片。AI 图片生成的商业模式很多，例如：利用 AI 生成专属壁纸（励志壁纸、求婚壁纸、招财壁纸、宠物壁纸等），并添加用户想要的文字；利用 AI 提供宠物肖像绘制、全家福台历定制、老照片修复及动态化处理等服务；利用 AI 绘图提供二次元图片、家具家装效果图、剧本杀封面、图书插图等设计服务；甚至摆摊做海娜手绘师的时候，也可以用 AI 辅助生成线稿，以提升创作效率。

5.AI 法律咨询

我们可以借助元典智库、通义法睿、得理法搜、海瑞智法、Chatlaw 等法律咨询类 AI 工具，结合自身法律知识和经验，向个人提供基础的法律咨询服务，或者协助法律工作者、企业合规人员提升其工作效率。

除了上述副业外，我们还可以利用 ChatGPT、豆包、Kimi、文心一言等工具，提供简历优化、剧本杀创作、宝宝起名等服务；使用 Suno、Udio、Beatbox、网易天音、海绵音乐等音乐生成工具，创作受市场欢迎的音乐作品；使用 Audiobox、Resemble.AI、海藻 AI、Reecho 睿声等语音合成工具，制作有声读物、语音导航、播客等内容。

三、AI 转型案例参考

接下来，我们分享一些与 AI 行业相关的转型案例，供大家借鉴。

案例一：从传统律师到 AI 律师

胡律师是一名资深法律行业从业者，随着法律领域垂直 AI 大模型的出现，他逐渐感受到了传统法律服务的局限性。于是，他开始自学 AI 大模型技术，打造了自己的 AI 数字分身。这个分身在网络平台吸引了大量关注，他再通过粉丝转化筛选出潜在客户，成功转型为"AI 律师"，不仅拓展了客户群体，还获得了行业认可。

案例二：从传统心理咨询师到 AI 心理咨询师

王女士是一位心理咨询师，她敏锐捕捉到了心理健康服务线上化、个性化的趋势。于是，她借助 AI 大模型与 AI Agent 技术，创建了自己的 AI 心理咨询师分身，提供 7×24 小时的线上个性化咨询服务。通过 AI 辅助心理测评与干预，她帮助更多人获得了及时的心理支持。

案例三：从传统主播到 AI 主播

亢女士是一位活跃于抖音、视频号、小红书的带货主播，由于长期熬夜直播导致身体超负荷，因此她决定转型——打造了一个与自己形象一致的 AI 数字人分身。当她需要休息时，AI 数字人可替代其直播，不仅实现夜间持续直播，还创造了额外收入。

案例四：从实习生到 AI "复活师"

刘同学是一名刚进入 AI 公司实习的学生，在接触到 "AI 图生视频" 这个技术后，他在网上发布了用 AI "复活" 亲人的短视频，意外收获大量关注。很多粉丝向他咨询如何使用该项技术，并自愿支付报酬请他帮忙 "复活" 亲人。从此，他在大学和实习期间就通过接单获得了副业收入。

案例五：从传统设计师到 AI 作图师

马先生是一位建筑公司的设计师，由于所处行业竞争激烈，他每天工作压力都非常大。后来，他偶然间听说了 AI 绘图技术，便自学了相关技术和绘图软件的使用方法。如今，他可以借助 AI 高效产出设计图，为公司承接了大量订单，也提升了公司领导对他的认可度。

案例六：从传统服务定制到 AI 服装定制

钱先生从学校毕业后就开始创业，开办了一家服装工厂。最初，他只是按照传统的流程和方式为客户提供服装定制服务，工作效率很难提升，生产成本也居高不下。最近，他开始利用前沿的 AI 技术革新服装定制流程。用户只需在手机端简单勾选、填写参数，即可完成衬衣和正装的定制。这一模式大幅提升了工作效率，降低了定制成本。

第三章

入局准备：
能力构建与行动策略

第一节　个人定位——能力评估与风险识别

想要获得经济回报，你需要对外部市场有洞察，更需要对自我能力有认知。每个人的兴趣爱好和能力模型都各不相同，即便有人给你提供一个非常赚钱的机会，但如果它与你的兴趣或者能力不匹配，你也会很痛苦。例如，让一个很有艺术天分的人去做金融，或者让一个对数字很敏感的人去搞音乐，这样的工作分配会使他们无法发挥自身优势，即使薪资很丰厚也不会给他们带来愉悦感和满足感。

所以，即便你在 AI 带来的财富浪潮中发现了一些可以赚钱的机会，但如果你本身并不擅长且不喜欢做这些事，那就不要勉强自己去做，那是对自身才能的埋没。每一个人都有自己的独特优势，唯有建立清晰的自我认知，才能在职业发展的道路上事半功倍。

一、芝麻饼模型

我常用的自我职业认知模型叫作"芝麻饼模型"。如果你也找到了属于自己的"芝麻饼"，就可以在工作的同时享受创造价值的乐趣。

这个模型由三块"饼"层层叠加而成。

最外围的饼叫"有需求"——从招聘网站筛选 AI 相关企业的在招岗位，这些岗位要满足两个条件：一是企业有真实用人需求（非伪需求）；二是其薪资能覆盖你当前的生活成本。这里筛选的，是所有能让你"不饿肚子"的工作岗位或副业类型。

中间的饼叫"我喜欢"——职业选择需遵循内心，且尽量匹配个人性格。请牢记，你是在为自己的未来打工，而不是在为公司打工。如果不喜欢自己的工作，觉得每日所作所为都毫无意义，除了发薪日外都在自怨自艾或者"摸鱼"，其实浪费的是你宝贵的生命。如果暂时没有明确的方向，就用排除法先淘汰掉自己讨厌的工作。职业发展是双向选择，你也有决策权和话语权。

最里面的饼叫"我能做"——它对应的是你的个人能力模型。很多人想涉足 AI 领域却迟迟未行动，无非就是"我能做"的饼太小了。正如前面几章所总结的，做金融的、做传媒的、做教育的、做销售的其实和 AI 行业很多岗位需要的能力有重合，所以，一是可以选择与自己当前能力模型最接近的岗位，以"换行不换岗"的方式进入 AI 行业；二是要认识到"我能做"这个饼是具有弹性的，自己缺失的能力可以通过学习来补足。例如，学一门计算机语言或数据分析这些岗位技能需要多久呢？三个月不够就半年，一年不够就两年，与其每天浑浑噩噩地在不喜欢的岗位上混日子，不如利用业余时间定向提升，把"我能做"这个饼摊大一些。

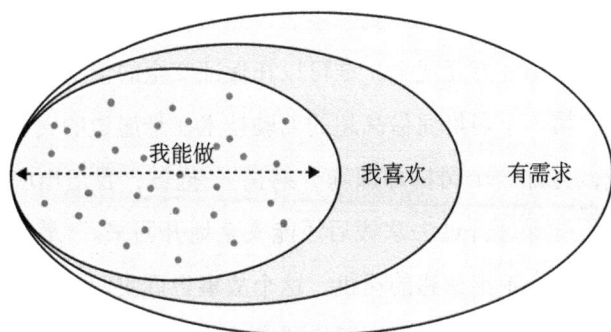

二、风险点排查

当你用这三块饼逐步缩小职业选择范围后，不要忘记要在最终得到的饼上撒一把"芝麻"——这里的"芝麻"指的是风险点。你需要主动排除那些本身存在风险的工作，剩下的才是真正适合你的职业选项。怎么理解风险点呢？以 AI 行业为例，利用 AI 实施诈骗、帮他人代写论文、从事色情相关产业等，都属于触碰法律或道德红线的高危职业。职场中有一个"1000原则"：风险是"1"，人脉、收入、职业技能等都是后面的"0"。如果前面这个"1"出现问题，后面所有"0"都会失去意义。所以，我们一定要选择做正确的事情、做长期主义者，不要有任何侥幸心理——有些风险看似"芝麻点"般微小，背后却可能是吞噬一切的深渊。一旦因为贪心而靠近，很可能谁也救不了你。

有这么一个故事：有位老板想要招聘一个司机负责自己的日常出行，他在考察了所有应聘者的专业能力之后，留下了两位候选人。他把汽车开到悬崖边，然后告诉他们靠近悬崖的石头下方有 100 万元现金，谁可以在保证安全的情况下拿到钱就算赢。第一个司机凭借高超的驾驶技术在悬崖边的夹缝中拿到了钱，另外一个司机却深鞠一躬说："抱歉，我退出应聘，因为我不能保证开过去拿钱后还能安全地开回来。"最终，老板留下了这个拒绝诱惑的司机。这个故事告诉我们：当发现万丈悬崖边上有诱惑的时候，远离诱惑才能保全自己，而非心存侥幸奋力一搏。

第二节　能力提升——系统化学习与实战策略

面对 AI 行业的众多机会，很多人摩拳擦掌想进入这个行业，但又因技术壁垒望而却步。有没有方法能够快速学习和掌握 AI 行业的相关知识，提升自己的职业竞争力？本节主要探讨进入陌生行业的途径和方法，无论想进入 AI 行业还是本书提到的与 AI 相关联的行业都可以参考。

如果你当下年纪尚轻且还未毕业，那你还有足够的探索时间。建议以兴趣为驱动力，先"博览"再"聚焦"：从浏览 AI 行业的财经信息、研究报告以及相关图书资料入手，逐步锁定感兴趣的细分领域，再针对性学习专业技能，以匹配目标岗位能力要求。这种由兴趣引导的探索，能帮你找到与 AI 最契合的发展方向。

如果你已经步入职场，或在非 AI 行业工作并希望跨领域转型，上述那种以兴趣驱动的方式在短时间之内可能很难达到你的诉求。此时，我更推荐"目标导向法"——用 2~3 个月的时间来集中学习，完成对 AI 行业的大致探索。没有目标的学习不仅痛苦，也容易半途而废，还可能耗费大量时间却难以获得预期回报。作为与时间赛跑的成年人，一定先要想清楚自己要什么，毕竟"大志中得，中志小得，小志不得"，先大胆地想，再放手去做。

一、选择目标岗位

在选择目标岗位时，我们可以运用上一节提到的"芝麻饼模型"，从招聘网站筛选出 3~5 个要求 1~3 年工作经验的心仪岗位。在筛选的过程中可以适当放宽"我能做"这个饼的匹配标准，因为我们可以通过后续学习把这块饼的面积扩大，所以先重点考虑一下那些"有真实需求""薪资符合预期"且"工作内容感兴趣"的岗位。

如果你想尝试 AI 副业或者 AI 领域的创业，可采用同样的方法：先筛选 3~5 个符合"市场有需求、个人有兴趣"的副业类型或创业赛道，再推进后续规划。

二、善用"2055 学习原则"

为了更好地提升个人能力，把"我能做"这块饼做得更大，我们可以运用"2055 学习法则"。

1. 挖掘 20 个行业关键词

首先，你需要先快速了解与你心仪岗位相关的 AI 细分行业或赛道。通过了解行业定义、搜索财经新闻、查阅招聘信息提炼 20 个行业关键词，再按照关键词去检索相关的学习资料，弄清楚关键词的意思及关键词之间的逻辑关系，这样就能够快速建立对这个行业的基础认知。例如，本书提到的 AI 行业的关键词有生成式 AI、Transforme 模型、算力、GPU 芯片等。

大多数行业都可以按照这个方法提炼出行业关键词和重点术语，厘清行业基本逻辑。

2. 分析 5 个行业头部公司

接下来，你需要用"用户思维"和"老板思维"分析 5 个行业头部公司。很多人在跨行业求职时会因为没有相关行业从业经验而不够自信，但其实这一点并非招聘企业最看重的因素。

即使没有行业从业经验，你也可以去消费和体验他们的产品，从用户的视角去对比分析 5 个行业头部公司的优秀产品，总结梳理它们的共同点、差异点、优势、劣势。同时，通过网络搜集产品测评、用户评论，思考产品受用户喜爱的原因及待改进之处，用"用户思维"思考产品优化的方向。

除了"用户思维"外，还需要从老板的视角去分析 5 个头部公司的核心技术、企业文化、竞争策略等，思考如何帮助目标业务降本增效、提高市场占有率和用户满意度，以及提升员工的工作效率与幸福感。

如果你用"用户思维"和"老板思维"详细分析了目标行业头部公司的情况，并在面试的时候结合岗位任职需求去展示你的认知，就能在一定程度上弥补你没有该行业从业经验的短板。

3. 培养 5 个关键岗位技能

很多人认为只要自身条件足够优秀就能赢得企业青睐，因此把简历弄得花团锦簇，堆满华丽经历和各类荣誉。这种认知有些片面，其实大多数时候企业要的并不是"最优秀"的人，而是"最合适"的人。个人能力与岗位需求精准匹配，往往比单纯的"优秀"标签更具吸引力。

因此，你在锁定 3~5 个心仪岗位后，需要认真拆解这些岗位的核心职业技能和关键能力模型，并从中提炼 5~10 个岗位技能关键词。如果你在以往的工作经历中积累过相关技能，一定要在面试过程中将其展现出来；如果你发现自己在某些能力上存在欠缺，那要通过阅读专业书籍、研究行业报告、参加培训课程、请教业内人士等途径获取相关知识和技能，尽力弥补个人短板。

不要怕难，这个世界上绝大多数的技能都是可以后天习得的。一定要养成成长型思维，与其花时间去迷茫，不如花时间去学习。

三、重视实战迭代

在行业知识学习过程中，切勿陷入学生时代的"备考思维"——不要像考试前那样，凡事都追求"完全准备好"才敢行动。社会上的学习需要不断地复盘与迭代，否则难以真正进步。所以，当目标岗位的技能掌握了 30% 到 40% 的时候，我建议就可以尝试去实战了。

单纯学习书本知识，往往远不及面试实战带给你的提升大。你可以先搜索一些薪资只达到你预期 50%~60% 的同类岗位，比如你想要找月薪 1 万元的工作，就先找一些月薪五六千元的小公司的同类岗位去面试，其目的是在面试实战中明确自己的优势和不足，这样你就能够快速积累这个岗位所需具备的职业能力。面试没有通过很正常，但是要积累经验，还要主动询问 HR "岗位核心需求"及"自身能力差距"，回去针对短板进行打磨之后再去面试其他公司的同一岗位，继续优化自身，直至找到满足你最终需求的理想企业。请记住：在实战中暴露问题、快速迭代，远胜于在空想中追求"完美准备"——这既是社会与职场的生存法则，也是突破"新手困境"的关键路径。

四、拓宽信息渠道

接下来，我们分享一些 AI 行业的学习资源。需要特别说明的是，由于行业知识会随技术发展动态迭代，所以这些信息是具有时效性的。如果大家发现部分信息失效，请按照关键词去搜索最新资料即可。若想系统了解 AI 行业基础知识，我建议的信息源是行业分析书籍、垂直领域公众号、慕课网等学习平台、财经新闻等。进阶学习者还可以去看一些 AI 行业头部企业的公开财报，如微软、谷歌、阿里巴巴、百度、英伟达、OpenAI 等，了解它们在 AI 领域的战略布局。

1.AI 工具导航与动态平台

Toolify.AI：包含 AI 软件每月排行榜，持续更新 AI 最新工具。

AI 工具集：AI 工具导航站，提供 700 余种不同类型工具，覆盖写作、图像、视频、办公等领域。

AI 喜好儿：聚焦 AIGC 动态与教程，包含 Midjourney 等工具的使用技巧。

AIbase：涵盖 AI 行业咨询、发展趋势、变现指南等。

2.公众号与行业资讯

APPSO：聚焦 AI 动态资讯。

机器之心：专注于 AI 技术科普与深度解读。

新智元：提供 AI 行业前沿资讯与产业分析。

海外独角兽：追踪全球 AI 企业投资与融资动态。

脉脉：提供社招跳槽分析、行业人脉、企业动态及薪资数据。

3. 程序员求职与学习平台

剑指 Offer：提供了经典的编程面试题库。

力扣（LeetCode）：海量技术面试题库，拥有算法、数据结构、系统设计等多类题目。

牛客网：涵盖 ACM 程序题库、面试问答、薪资爆料、实习分享等。

GitHub：开源项目编程库，可下载 AI 程序分析学习。

慕课网：提供免费互联网 IT 技能学习，含视频教程、在线编程工具。

大学资源网：免费学习资源平台，包含编程相关课程视频。

学堂在线：清华大学研发的中文慕课平台，提供优质在线课程。

北京大学公开课：北京大学出品的免费公开课视频学习平台。

EDX：由哈佛大学和麻省理工学院创建的在线学习平台，提供英文编程课程。

第三节　持续行动——知行合一破迷茫

经过前两节对个人定位和能力提升方面的系统梳理，相信你已对如何进入 AI 行业有了初步认知。但若不将其转化为具体行动，终将沦为空想。接下来，我们将从"知行合一"的底层逻辑出发，详细讲解精准执行目标、降低启动门槛、动态复盘评估等实操策略，让"持续行动"不再只是口号，而是可落地的成长路径。

一、知行合一：改正"知而不行"的错误认知

读到这里，大家应该已经掌握了一些 AI 相关的知识和实操方法，但这些信息能否转化成行动、能否助力目标达成还是未知数。许多人总是感慨，明明自己知道很多道理，却依然过得很不如意。这其实是因为他们误解了"知道"的本质——真正的"知"必然导向"行"，停留在空想层面的"知"，不过是一种伪认知。

明代思想家、军事家王阳明非常重视知行合一，他认为"知是行之始，行是知之成"，知行其实原本就是统一体，有怎样的知就有怎样的行。有错知，就有错行；有浅知，就有浅行；有深知，就有深行；有真知，就有真行；若无知，自然无行。他还在《传习录》中提到："未有知而不行者。知而不行，只是未知。"在他看来，世界上没有"知而不行者"，当你的认知无法驱动行动的时候，说明你没有真正"知道"。

现实中，不少人陷入"高认知穷鬼"陷阱：自认为掌握大量知识，却因缺乏行动而一无所获。其实这只是因为网络世界充斥着太多的无用信息，让大家误以为自己真的知道了很多东西而已，而真正的认知必须通过行动才能转化为现实价值。"知若不行，不如不知。"唯有将头脑中的想法付诸实践，才能打破"空想—焦虑"的循环，让认知真正对你的人生产生助力。

二、精准执行：用目标拆解破解"行动力困局"

马斯克说他从来都不相信行动力不足这回事，他觉得所有的行动力问题都源自"精确性不足"。焦虑的本质其实是"模糊"。当你想进入 AI 行业或者想实现某个目标时，最怕的就是像热锅上的蚂蚁，每天都很焦虑不安，却不去分析焦虑产生的原因，也不去拆解目标。其实，很多比你优秀的人并不见得比你聪明，也许他只是比你更擅长化整为零，懂得如何将宏大目标拆解为可执行的"具体动作"。例如，两位水平相当的工匠，如果前者按照图纸精准规划每块砖的位置，后者仅凭直觉随意搭建，最终前者可能建成恢宏的殿堂，后者却只能搭出简陋的茅屋。产生差距的根源，在于是否拥有"目标拆解思维"。

所以，不论你是想换个与 AI 相关的工作，还是利用 AI 去做副业，都要明确自己的目标，并按前面两节提供的方法拆解目标岗位的技能需求，再根据自己的业余时间和需要学习的内容制订详细的提升计划，主动地去搜集资料、积累人际关系。经过大量、长期的积累，你会距离目标越来越近。ChatGPT 为什么这么"聪明"？正是因为它接受了海量的训练，最终量变产生质变。当不成功的时候，不妨问问自己，训练量足够吗？

很多人还存在着一个习惯上的误区，就是凡事都喜欢去问别人，而不喜欢自己思考，甚至面对网上丰富的资料，也不愿意去查找和翻阅。其实，很多问题只要主动看几本书或者上网搜一搜就能找到解决方案，但由于对自己不够自信或者懒惰心理作祟，人们往往不愿去行动。凡事只知道伸手索要、张口询问或者过分依赖外界的力量，真的会让你很难实现自己的目标。鸡蛋从外部打破是食物，从内部打破是生命。任何事情到最后只能依靠你自己，让自己变强，才是解决一切问题的关键。

三、降低启动成本：最小可行方案设计

很多人之所以无法行动，还有一个原因是启动成本太高。如果把人的身体看作一台机器，其实它也具有一定的惯性。如果早已习惯了下班或放学后躺沙发上看手机、玩游戏，就算你想要行动，短时间之内也会觉得难以改变。这时候，我们可以用到《微习惯》这本书里提到的方法：把你需要养成的习惯拆解成微小到无法失败的行动，通过降低初始启动成本，再逐渐增加行动量，进而慢慢养成习惯。例如，你要学习 AI 行业知识，目标不用定太高，可以先从每天了解一个 AI 行业术语开始：第一天只了解一个，第二天增加到两个，第三天了解三个，以此类推，并坚持一段时间。

降低新任务启动门槛的好处是，一旦开始行动，就更容易坚持下去。所以，在向目标靠近的过程中，我们不能只顾着"抬头看天"，时时刻刻盯着最远的目标，还要学会"低头看路"，要重视迈出的每一步，并一步一步地朝着规划的方向前进。

四、动态复盘：阶段性成果评估与策略调整

如果想要实现自己的目标，复盘与迭代是至关重要的环节。古人云"吾日三省吾身"，在推进 AI 行业学习计划的过程中，我们需每日反思：是否按计划执行了？未完成的原因是什么？哪些因素干扰了进度？明日该如何改进？

即便在行动过程中遭遇挫折和失败，也不用过于焦虑，而是要通过系统性分析，思考如何调整策略以更接近目标。正如柳传志所言："如果能够从失败中找到原因和改善措施，这种失败值得宽容；相反，如果成功了，但是不知道为什么会成功，那么这种成功是不可复制的，也是没有意义的。"

坚持动态复盘，持续优化迭代，只要不轻易放弃既定目标，所谓"失败"不过是暂时未达终点，而非真正的结局。

第四章

产业重塑：
AI 驱动的十大领域变革

第一节 AI+办公——智能工具提升职场效率

随着 AI 技术的不断进步，在办公场景中，AI 可以被用来执行越来越多的任务。本节详细探讨了如何运用 AI 技术来提升职场效率，并分享了一些实践案例。

一、AI 在办公场景的多元应用

1. 自动化日常任务

AI 能够自动化处理数据录入、文件归档、邮件回复等日常工作，减少人的工作量并提升准确率。同时，通过分析海量数据，AI 可提供洞察与预测，辅助企业决策。此外，借助聊天机器人、智能客服等形式，AI 能提供 7×24 小时服务，及时响应客户需求。

2. 文案撰写优化

在文案撰写这个应用场景里，AI 可生成营销文案、新闻稿、产品描述等内容。例如，文心一言、豆包、智谱 AI、通义千问、零一万物、腾讯元宝等 AI 工具，能根据产品特性与目标市场生成具有高吸引力的文案，在提升内容质量的同时，还大幅减轻了文案团队的工作负荷，并有效提高了用户转化率。

3. 图片与视频制作

AI 可应用于图像及视频的编辑、美化与生成。新媒体工作者利用智谱 AI、豆包等大模型中的 AI 画图、AI 视频生成功能，能快速产出符合品牌风格的设计作品，显著缩短设计周期。以创客贴 AI 为例，它可根据文本描述生成高质量图像，支持海报制作、商品图设计、图片扩展、高清修复及智能抠图等操作。

4. 代码编写与调试

作为程序员的智能助手，AI 可提供编码建议、自动补全等功能。例如，软件开发团队可通过引入通义灵码进行代码智能生成，程序员在编码过程中可获得实时提示，编程效率与代码质量同步提升。此外，AI 能自动检测并修复代码错误，降低调试成本。

5. 数据分析与决策支持

在数据分析场景中，AI 可快速处理海量数据，并从中挖掘相关模式与趋势。例如，某零售企业通过 WPS AI 工具来分析销售数据，自动识别热销商品及潜在问题区域，帮助企业调整库存管理和营销策略。这种自动化的处理过程相比传统的人工分析节省了大量的时间和资源。

6. 会议管理智能化

在会议管理工作场景中，AI 可以帮助记录会议内容、整理会议纪要。例如，腾讯会议、飞书、通义听悟等软件支持会议智能记录，可自动转录音频并生成结构化会议摘要，不仅减轻了文秘类岗位的工作负担，也便于参会者快速回顾会议要点。

7. 客户服务自动化

在客户服务场景中，AI 聊天机器人可以承担部分客户咨询服务，解答常见问题。例如，小 i 机器人、一知智能等企业部署的 AI 电话机器人与数字人客服，能全天候响应客户咨询，处理常见问题解答、账单查询、套餐变更等基础业务。这不仅提升了客户满意度，也有效缓解了客服中心的人力资源压力。

8. 人力资源管理

在人力资源场景中，AI 可以协助筛选简历、安排面试等。例如，很多公司的人力部门利用海纳 AI 等工具 7×24 小时筛选简历，自动匹配候选人并发起面试邀约与评估。尤其在大规模校园招聘、蓝领及白领基础岗位招聘中，AI 的精准筛选能力让招聘团队可以聚焦高潜力候选人，提升招聘效率。

9. 项目管理与个人助理

在项目管理场景中，AI 可跟踪项目进度并预测风险。例如，制造企业的项目经理可以使用飞书 AI 来监控施工进度，并预测可能导致延误的因素。通过这种方式，他们能够及时采取干预措施，以避免项目延期。

此外，AI 也可以作为个人助理，帮助职场人士管理日程并提醒重要事项。例如，一位公司高管使用飞书 AI 个人助理来管理其繁忙的日程，包括会议安排、差旅规划等。AI 助手能够根据他的偏好和历史行为自动推荐最佳方案，使他能够更高效地规划自己的时间。

二、AI 工具应用路径

那么在职场中该如何使用 AI 呢？我们可以按以下步骤把 AI 切入工作流程以提高自己的工作效率。

1. 识别效率瓶颈

分析工作流程，定位耗时多且重复性高的任务，此类场景通常是 AI 应用的最佳切入点。

2. 匹配应用场景

研究行业案例，明确可解决具体问题的 AI 工具。例如，文案工作者除通用大模型外，还可选用波形智能的 Weaver 等垂直领域文本生成工具。

3. 选择适配工具

依据自身需求，同时参考用户评价，筛选有效性高的工具，避免盲目投入。

4. 系统集成优化

整合现有系统，确保新工具与现有办公软件能够无缝集成，以降低学习成本，保障用户体验的流畅性。

5. 培训与支持体系

对于团队来说，熟悉新的 AI 工具是非常重要的。所以还要提供必要的培训和支持，确保每个人都能充分利用这些工具的优势。很多 AI 工具厂家（如影刀 RPA、阿里 RPA 等）都会提供相应的培训服务。

三、实战案例：RPA 在薪资核算中的应用

机器人流程自动化（Robotic Process Automation，简称 RPA）是一种新兴的"数字劳动力"，它可以替代或辅助人类完成规则明确的重复性劳动，大幅提升业务流程效率，实现企业业务流程的自动化和智能化，从而达到降本增效的目的。目前，各类 RPA 工具已广泛应用于银行、保险、新零售、财务、税务、法务等领域。下面以薪资核算为例，看看 RPA 在办公场景中的应用。

1. 场景痛点

某集团型企业因分公司、部门及工种众多，薪资核算面临以下两大挑战。

（1）数据源分散：需要收集多个部门的多种基础数据，如人员信息、考勤记录、员工绩效、计件工资、费用报销、业务提成，以及外包人员计费清单等。这导致每个月很多时间就耗费在了数据收集的过程中。

（2）规则复杂：不同部门薪资算法各异，难以统一流程，人工处理效率低下且易出错。

2. 解决方案

（1）引入 RPA 机器人实现自动化核算。

（2）数据标准化：以统一模板维护人员信息表并同步至数据库，保障数据安全与可查。

（3）流程自动化：RPA 每月自动从数据库、考勤系统及指定路径抓取数据，按银行模板生成工资单与分析报告，并自动完成发送。

3. 实施效果

（1）处理时间从 90 小时压缩至 4 小时，错误率降为 0。

（2）节省了人力资源，让基层员工得以从重复性工作中脱身，投入更有价值的工作中去。

（3）实现流程标准化与数据追溯，提升了管理效率。

AI 已经成为提升职场效率的重要工具。通过精准识别需求、科学选择工具、深度融入工作流，从业者可借助 AI 实现从重复性劳动到创造性工作的跃迁，以更好地构建自身的核心竞争力。

第二节　AI+教育——因材施教成就师生梦想

人工智能深度融入教育领域，不仅极大地丰富了教学手段、提升了教学效率，还促进了个性化教育的发展，让"因材施教"从理念变为现实。

一、AI赋能教育的核心价值

1.个性化学习路径定制

AI通过分析学生的学习速度、知识掌握程度、兴趣偏好及薄弱环节等数据，可以为每位学生量身定制学习计划与精准提供学习资源。这意味着每个学生都能按照最适合自己的节奏和方式学习，大大提高了学习效果和满意度，从而实现了个性化学习。

2.智能辅导与即时反馈

AI技术可以实时捕捉学生在解题或学习过程中的错误，提供即时的反馈和指导。这种即时的反馈机制有助于学生及时纠正错误、巩固知识，同时也减轻了教师的作业批改负担，使他们能够更专注于教学设计和针对学生的个性化指导。

3.动态化评估与诊断

利用AI技术，可以设计出能够根据学生能力自动调整难度和内容的评估与测试系统。这样的系统不仅能更准确地评估学生的真实水平，还能在评估过程中发现学生的薄弱环节，为后续教学策略优化提供科学依据。

4. 情感识别与心理支持

尽管 AI 在情感识别领域仍处于发展阶段，但其应用潜力巨大。通过识别学生的情绪变化，AI 可以提供适当的心理支持和情绪调节建议，帮助学生保持积极的学习态度，减小学习压力。

5. 教师教学效能提升

AI 为教师提供了强大的辅助工具，如智能备课系统、教学资源推荐系统等，可以帮助教师更高效地准备教学材料，同时获取丰富的教学资源。这些工具还能够帮助教师更好地了解学生的学习情况，从而实现精准教学。

6. 智能化教学互动管理

AI 平台还可以促进师生之间的互动和合作。通过在线论坛、讨论区等功能，学生可以随时随地提出问题、分享见解，而 AI 可以智能地整理和推荐相关讨论内容，促进知识的共享和深化。AI 的预测能力使得教育工作者能够提前识别学生潜在的学业风险，如学习动力不足、成绩下滑等，并采取相应的干预措施。这种前瞻性的管理方式有助于防止问题的恶化，以保障学生的学习进度和效果。

总之，AI 在教育领域的应用正在深刻改变着传统教学模式，为师生共同实现教育梦想提供了强大的技术支持。

二、实战案例：AI 在教育各环节的应用实践

1. 学生端：自主学习工具革新

对于学生来说，人工智能技术的应用可以激发其学习兴趣，帮助他们更好地规划个性化学习路径和养成良好的自主学习习惯。例如，某企业推出的 AI 学习机、AI 翻译笔等产品，可以有效辅助学生自主学习。

2. 教师端：教学效率智能化升级

对于教师来说，应用人工智能技术可以实现智能阅卷、智能考务管理等，提高其教学效率。

（1）某企业推出的智能批阅机，融合了 OCR 识别、语义理解、知识图谱、智能推荐等技术，集自由组卷、智能批改、原卷留痕、学情诊断、错题巩固、资源沉淀等功能于一体，除了赋能批改减负外，还可通过学业数据沉淀助力精准教学、通过共/个性错题巩固提升自主学习效果，全面助力教育工作者提质增效、因材施教。

（2）某企业研发的智慧作业综合解决方案，融合了人工智能、大数据、知识图谱等技术，借助知识图谱，实现了更符合教育规律的个性化作业智能推荐；通过软硬件结合，在不改变已有的纸质书写、批改习惯下，实现自动作业批改；通过 OCR 识别自动批改功能，做到客观题自动批改，且准确率高于 98%。

3. 全场景教育生态构建

（1）有道智慧教育：覆盖课前备课、课中互动、课后作业的全流程，借助 AI 采集错题、生成专属错题本，并基于大数据推送精选习题，实现教学闭环。

（2）华为擎云智慧教育：以华为擎云平板、华为教育屏为载体，打造满足课堂互动、随堂测验、课后练习等教与学全场景交互需求的方案。依托华为 AI 能力，实现教育场景智能识别，全面记录学生数据，助力精准分析学情，从而实现因材施教；利用 HarmonyOS 分布式操作系统，通过多对一实时投屏，促进师生互动、生生互动，提升课堂交互有效性；通过一对多文件同屏、课件习题低时延分发，有效提高授课效率；在课堂管理方面，通过 HEM（HUAWEI Enterprise Manager）设备管控、应用管控、网络管理等服务，限制学生浏览无关应用及浏览器，打造纯净课堂。

4. 高校教育模式创新

（1）复旦大学计划推出 100 多门 AI 相关课程，这些课程面向不同学科、不同阶段的学生，形成"基础通识—专业深化—创新实践"多目标、多层次的培养体系。这些 AI 课程不是一门课或几门课的集合，而是学校整体设计、合力打造的面向所有专业和学科背景的课程体系，其背后凝聚着复旦大学对高等教育模式变革的探索。

（2）上海交通大学、华东师范大学等高校纷纷成立人工智能学院，致力于打造人工智能人才高地，推动产学研深度融合，促进人工智能成果的转化。

如今，AI 已渗透至教育的每个环节——从课堂教学到家庭学习，从学校管理到企业研发，它通过重塑教育生态，为师生实现教育理想注入强劲动能。

第三节　AI+ 医疗——智慧医疗赋能你我健康

AI 技术正在深刻地改变医疗健康行业的面貌，为患者和医疗专业人士带来了前所未有的便利和效率提升。

一、AI 在医疗领域的核心应用

1. 精准诊断与早期干预

AI 算法可以通过分析医学影像（如 X 光、MRI、CT）来辅助医生进行诊断。深度学习模型已被训练用于识别癌症、眼疾、皮肤疾病等的早期迹象。例如，联影智能推出全疾病谱赋能临床医疗工作，实现了以部位、疾病及临床场景为中心的 AI 精准诊断，覆盖全身体部位、全影像模态及多元化临床场景。此外，AI 可以结合患者的医疗记录、遗传信息和生活方式数据，预测个体患病风险，从而实现早期干预。

2. 个性化治疗与药物研发

AI 可以通过分析患者的遗传资料和生物标志物，帮助医生为每位患者定制最适合其特定情况的治疗方案，从而实现个性化治疗。此外，在药物研发过程中，AI 可以通过模拟和预测分子如何与生物靶标相互作用来加速新药的研发。

3. 智能手术与康复管理

AI 驱动的机器人手术系统可以进行精准的手术操作，减少人为失误，缩短患者康复时间；AI 聊天机器人和虚拟助手可以为患者提供日常健康管理建议，提醒他们按时服药或进行体检，提升患者的自我健康管理能力。

4. 医疗效率优化

AI 能够处理和分析大量公共卫生数据，从而快速识别疾病暴发的模式和趋势；AI 还可以自动化处理和更新电子健康记录，减轻医生和护士的行政负担，使他们能更好地专注于患者护理；此外，AI 使远程患者监控成为可能，助力医生远程跟踪患者的健康状况，以及时发现问题并采取行动。

5. 医学教育与科研辅助

（1）AI 可以用于医学教育和培训，通过虚拟现实和增强现实技术为医学生和医生构建多模态医学模拟训练平台。

（2）AI 算法能够帮助匹配适合特定临床试验的患者，加快临床试验的患者招募过程。

（3）在医疗记录中，AI 语音识别工具可以快速准确地转录医生的口述，节省时间并减少手动输入的错误。例如，云知声推出的语音电子病历系统可以自动识别医生口述的病历内容并转写为文字，有效提高病历书写效率，让医生有更多时间与患者进行沟通。

（4）可穿戴设备（如智能手环、智能手表等）可以实时监测心率、血压、睡眠质量等健康指标，收集健康数据并通过 AI 进行分析，以监测患者的健康状况。

（5）AI 在基因组学中的应用有助于解释复杂的遗传数据，揭示疾病的遗传基础。

（6）AI 可以优化医院内部的患者就诊流程，如调度、病房管理和资源分配，提高整体运营效率并减少患者等待时间。

二、实战案例：AI 重构医疗场景

1. 提供全流程智能化解决方案

某企业研发了集智慧就医、智慧影像分析、智慧医学科研等功能于一体的人工智能平台，为医疗行业提供了全流程智能化解决方案。

（1）该企业的智慧就医平台基于计算机视觉、自然语言处理、知识图谱等技术，实现了导诊、预问诊、诊前检验、院内导航、识别通行等门诊环节的全流程智能化，推动了医疗健康服务体系的流程再造、规则重构，大大简化了患者就医流程，显著提升了患者就医体验：就诊前，患者可线上完成分诊挂号和症状分析；就诊期间，院内 AR 提供导航服务，可全程引导患者前往目的地，有效缩短患者在院内的停留时间；就诊后，智能诊后随访系统可帮助患者将健康服务延伸到家。

（2）该企业自主研发的集领先 AI 算法与丰富影像后处理技术于一体的智慧影像分析系统，可提供高性能的辅助诊疗解决方案。该系统可进行一站式智能影像分析，提供覆盖全身多部位、多病种、多模态数据的全流程 AI 辅助，全面满足影像科、肝外科、胸外科、病理科、骨科、放疗科、急诊科、卒中中心等多科室的临床诊疗需求。目前平台已搭载 20 余个 AI 模块，针对肺、心脏冠脉、头颈血管、肝脏、骨科、病理、放疗等十余个临床方向开放应用。

（3）该企业的智慧医学科研平台以人工智能大语言模型和大数据技术为驱动，整合患者临床数据、影像 / 内镜 / 超声 / 心电 / 病理等多模态检查检验数据、生物信息数据，提供多模态数据存储管理、多维度数据组合筛选、多任务全程闭环管控，从图像数据半自动标注到可视化 AI 模型训练，实现全维度科研数据分析及挖掘的闭环管理。它可助力医生或科研人员根据科研需求自主、灵活完成各类医学研究，为医疗机构提供全流程的智能化科研管理，加速科研成果转化。

2.推动医疗全链路智能化转型

某企业提供了面向医疗行业的 AI 解决方案，推动了医疗医药企业全链路的智能化转型。

（1）在 AI 医学识别方面，该平台依托领先的 AutoCV、OCR 等技术，可满足化验单识别、体检报告识别、病历识别以及卡证识别等不同场景需求，加速了医疗行业的信息化发展；同时，还可实现影像分割、器官勾画、阅片筛查、影像质控等辅助诊疗功能，提高了阅片效率，减轻了医生的工作负担，提升了患者的就医体验。

（2）在AI药物研发方面，该平台利用自然语言处理、深度学习、机器学习和图像识别等AI技术，满足靶点筛选、化合物合成、化合物筛选、晶型预测等不同场景需求，覆盖药物研发中的药物发现和临床前研究等阶段，提升了药物研发效率，缩短了药物研发周期。

（3）在AI辅助决策方面，该平台利用自然语言处理、深度学习、机器学习、图像识别和语音识别等AI技术，可为医院、医护人员以及医保机构提供问诊机器人、虚拟助理、辅助诊断、医保控费等不同的产品及解决方案，以优化诊疗流程、提升患者就诊体验，同时提升医护人员及医疗工作者的工作效率。

3. 打破时空限制的远程医疗

某企业提供的远程医疗智能解决方案可适用于远程问诊、医疗会议、手术示教等多种场景，并灵活适配各类医疗设备。

（1）通过多人视频会议、大频道直播、跨频道直播等功能，可以开展名医授课培训、大型医疗峰会、医疗器械培训等多种场景的直播活动，从而实现优质医疗资源共享，并解决线下医疗会议组织难、成本高的痛点。

（2）通过手术示教车采集高清手术画面，将高保真的图像传输到远程示教室，同时通过连麦与示教室实现双向互动，扩大了手术教学覆盖范围，有效解决了医疗教学资源分配不均和现场手术室资源有限的难题。

（3）借助声网实时音视频服务，用户无需安装 App，只需在收到包含 URL 的短信后，即可通过 Web 端与急救医生进行视频对话。该服务支持实时录像取证，有效解决了远程应急救援缺乏第一视角的问题。由于医疗急救分秒必争，实时音视频技术成为提升急救效率的关键手段。

智慧医疗通过集成电子医疗记录、移动医疗、医学影像、临床大数据以及人工智能等技术，不仅提高了医疗服务的质量和效率，还增强了健康管理的个性化和精准度。随着技术的不断进步和应用的不断深入，智慧医疗有望为全球公共健康事业贡献更大的力量。

第四节　AI+ 零售——数智化驱动消费体验升级

AI 在零售行业的深度应用有力地推动了该行业的数智化转型，创造了全新的交易模式，使得交易过程更加便捷、高效且个性化。

一、数据驱动的精准零售生态

1. 实时个性化推荐

AI 通过收集和分析消费者的购买历史、浏览行为、社交媒体活动等数据，构建详细的消费者画像。在消费者浏览商品时，平台可基于其当前行为和历史数据，实时提供个性化的商品推荐。例如，电商平台可根据用户过去购买的服装风格、尺码和价格范围，推测其喜好，为其推荐合适的新款服装。

2. 库存和价格管理

AI 还能够结合季节性变化、促销活动和市场趋势等因素进行需求预测，帮助零售商更精确地管理库存，减少库存积压现象，以降低库存成本；同时，AI 可以根据实时销售数据和库存水平，自动为零售商生成补货建议；此外，AI 还可以基于市场需求、竞争对手价格和消费者行为分析，为零售商提供动态定价策略，帮助零售商在保持竞争力的同时实现更高的利润收入。

3. 客服和战略决策

AI 可以通过聊天机器人和智能客服系统，为消费者提供 7×24 小时的在线服务，以提升客户满意度，并降低人工客服成本；AI 还可通过大数据分析，帮助企业做出更明智的战略决策，如店面布局、新品开发和营销策略调整等。

二、线下场景的智能化革新

新零售商店通过人脸识别、传感器技术和智能算法，带给顾客全新的购物体验。

1. 门店安全管理

智能摄像头搭载 AI 鼠类检测系统，24 小时巡航识别地面、墙面及货架上的移动目标，保障门店环境安全；AI 可覆盖全场进行烟雾监测，自动进行灾害预警，避免发生各类安全事故；AI 还可自动监督营业结束后的设备断电、灯光控制等细节问题，节省成本的同时确保用电安全。

2. 门店环境管理

针对门店运营痛点，AI 算法可识别过道货箱堆积、杂物存放等非标场景，实时提醒工作人员处理，排除安全隐患并优化购物动线，为顾客打造舒适的购物环境；通过行为分析技术，AI 可以自动识别员工的"非工作"行为，如长时间玩手机、聚众闲聊等，规范员工服务状态，优化顾客购物体验；AI 还可以自动检测员工着装是否规范，如是否戴了口罩、帽子等，助力打造优质品牌形象。

3. 门店收银管理

当 AI 对接门店 POS 系统，可以智能检测收银场景，消除"飞单"等收银陋习，给顾客安全的消费环境；AI 自助结账系统可利用图像识别技术快速识别商品，加快结账流程，减少顾客排队时间。

三、实战案例：快时尚品牌的数智化之路

作为快时尚代表品牌，Shein 依托数智化转型迅速崛起，

成为快时尚行业的隐形巨头。

Shein 面向后端打造了"数智大脑"，建立了一套不需要中间商和代理商的智能化系统，从设计、生产到出货一条龙，直接与消费者沟通，可以随时根据市场反馈调整产品策略。该"数智大脑"系统能接入 Google Trend Finder 提供的框架，探查全球各地的流行趋势；该系统还接入了 Shein 团队研发的一项从应用程序中搜集用户反馈的专利技术，其收集的信息会被提供给 Shein 的供应商，以指导其设计产品，针对消费者偏好做出即时反应。

Shein 的供应链管理系统，可通过 AI 算法计算出供应商的备货量，并发送给各个服装供应商；系统还能即时检测库存和销售数据，并反馈给生产方，以动态调整生产计划，避免库存积压。从市场调查、产品设计到生产出货，Zara 等品牌的周期一般是三周以上，而 Shein 只需要十几天甚至更短的时间。

同时，Shein 还通过大数据分析精准捕捉社交媒体的流量红利机会，制定定制化营销策略，以高效触达年轻消费群体。

AI 驱动的数智化变革不仅重塑了零售行业的运营逻辑，更开启了以消费者为核心的价值创造新周期，推动"人、货、场"关系的深度重构与商业生态的持续进化。

第五节　AI+ 金融——开启数智金融新时代

AI 技术正以颠覆性的力量重塑金融行业，通过智能化、自动化解决方案，全面提升了金融服务的效率、准确性与个性化水平，推动了数智金融新时代的到来。

一、AI 在金融领域的核心应用

1. 智能风控与信用评估

AI 可以通过整合个人及企业的信用记录、消费行为、社交媒体数据等多维度信息，借助机器学习算法精准评估信用风险。例如，通过预测个人贷款违约概率，帮助银行优化信贷审批决策，降低坏账风险。

2. 市场预测与投资决策

利用深度学习模型，可深度分析历史市场数据与宏观经济指标，预判市场波动趋势与潜在风险事件，为股票走势预测、投资组合配置提供数据支撑。同时，AI 驱动的量化模型能够快速处理海量数据，及时发现市场中的投资机会。例如，通过对历史交易数据的分析，制定高频交易策略。

3. 个性化财富管理

AI 可以根据投资者的风险偏好、财务状况和投资目标，提供个性化的投资建议和资产配置方案。例如，为年轻投资者制订长期稳健的投资计划，或者为高净值客户设计多元化的资产组合方案。

4. 智能安全防护

AI 系统能够实时分析交易行为，识别异常模式和潜在的欺诈活动。例如，当检测到信用卡盗刷行为时，会及时发出警报并阻止可疑交易。同时，AI 算法还可以强化金融机构网络安全防御，主动识别并抵御黑客攻击以消除数据泄露风险。

5. 客户服务升级

智能客服依托自然语言处理（NLP）技术，提供 7×24 小时的在线咨询服务，快速解答常见问题。例如，当客户咨询账户余额或转账流程时，智能客服能够立即给出准确回答。此外，AI 还可以根据客户的消费习惯、投资偏好等数据，进行精准的产品推荐和营销活动策划。例如，向有储蓄习惯的客户推荐合适的理财产品。

6. 智能合规与监管

AI 可以快速扫描大量的交易记录和文档，核查相关交易及操作的合规性，如识别反洗钱交易风险。AI 也可以协助监管机构更有效地监测金融市场，提高监管的效率和准确性。

7. 保险科技革新

在保险领域，AI 技术可以自动化处理理赔申请，提升理赔效率及其精准度。通过图像识别和自然语言处理技术，AI 能够快速识别理赔资料的真实性和准确性，缩短理赔周期，提升客户满意度。

二、实战案例：AI 赋能金融创新

在 2024 年世界人工智能大会上，蚂蚁集团推出了基于大模型的"支小宝"与"支小助"两项应用。

1.支小宝

该应用拥有百亿级金融知识数据存储的知识力、个性化的语言力、"千人千面"的资产配置专业力和可控可信的安全力，通过 AI 技术的深度应用，重塑金融问答的体验，降低金融专业服务的获取门槛。

2.支小助

该应用是面向金融专家的 AI 产品，致力于提升金融服务链条各职能专家的生产效率和服务半径，并提供投资、理财、保险、泛金融等不同场景的服务。例如，证券分析师可借助其信息提炼、报告生成、深度分析推理等多种能力，大幅提升自身研究分析的效率。

AI 的深度应用正重构金融行业的运营模式：从风险管控到客户服务，从投资决策到监管协作，智能化技术已全面渗透到金融服务全链条。未来，随着 AI 与区块链、物联网等技术的深度融合，数智金融将进一步推动行业效率升级，催生更多创新的产品与服务，为金融生态的可持续发展注入强大动能。

第六节 AI+文娱——AI赋能文化娱乐新方向

AI技术在文娱产业的应用已经取得了显著的成果，不仅提升了创作和制作的效率，还推动了行业的创新和发展。

一、AI驱动内容生产革新

1. 智能创作辅助

AI技术能够辅助编剧进行创作，为创作者提供灵感和素材支持，甚至自动生成剧本初稿。例如，华策影视的AIGC应用研究院研发的AI编剧助手和剧本评估系统，可以大幅提升剧本创作的效率和质量。据华策影视方面透露，使用AI编剧助手，评估一部120万字的小说仅需15~30分钟，而过去这一过程可能需要耗费整整一周的时间。

2. 多模态内容生成

AI还能够直接生成图片、视频、音乐等内容。在音乐创作方面，AI可以生成旋律、谱写和声甚至创作歌词，给音乐家和作曲家提供无限创意。例如，AI音乐SOTA模型——天工SkyMusic，覆盖了从说唱到古风等多种音乐创作风格，展现出强大的音乐创作能力。

同时，AI可以显著提高内容制作的效率，提升用户体验。例如，AI可以生成宣传海报、角色设计、场景建模等，为电影制作提供丰富的素材和创意。

AI 在视觉特效领域的应用包括角色建模、表情合成、自动抠像、背景替换、面部捕捉和动画生成等，显著降低了后期制作的成本和时间。

3. 视频生成技术突破

2024 年 7 月，智谱 AI 的智谱清言上线"清影"功能，实现 30 秒快速生成 AI 视频，"随心所动，即刻成影"。

而快手推出的可灵 AI（Kling AI），依托自研大模型"可灵"与"可图"，通过更便捷的操作、更丰富的能力、更专业的参数和更惊艳的效果，满足创作者对创意素材生产与管理的需求，为创作者提供高质量的视频及图像生成服务。可灵采用 3D 时空联合注意力机制，能够更好地建模复杂时空运动，生成具有较大运动幅度且符合运动规律的视频内容。该模型支持生成长达 2 分钟、帧率 30fps 的视频，不仅能模拟真实世界的物理特性，生成符合物理规律的画面，还能将用户的想象力转化为虚构场景，实现超现实视觉创作。此外，可灵输出视频分辨率达 1080p，无论是宏大壮阔的场景，还是细腻的特写镜头，均能呈现电影级画质。可灵图生视频模型以图像理解能力为基础，能将静态图像转化为 5 秒的精彩动态视频，并结合创作者的文本输入，生成多样化运动效果，实现视觉创意的无限延伸。此外，可灵大模型支持对已经生成的视频进行一键续写，单次可使视频内容延续 4.5 秒，且运动逻辑合理、画面变化显著。

国内首部 AIGC 原创奇幻微短剧《山海奇镜之劈波斩浪》，其全流程画面均由 AI 制作完成。该剧以中国古代经典《山海经》为灵感源泉，为观众构建出光怪陆离的上古神话世界。《山海奇镜之劈波斩浪》的问世，不仅标志着 AI 技术在影视制作领域取得重大突破，更预示着短剧行业即将迈入"AI 共创"的高效生产新时代。

二、AI 优化文娱产业运营

1. 精准化内容推荐与营销

AI 可通过分析用户行为、偏好及市场数据，实现文娱内容的个性化推荐与精准营销。

（1）用户洞察：定位潜在观众群体，优化广告投放策略。

（2）票房预测：基于历史数据与市场趋势，为电影制作与发行提供决策参考。

（3）口碑管理：实时监控社交媒体反馈，辅助影片宣传与舆情应对。

2. 创新型内容呈现

AI 可以生成虚拟角色，甚至通过数字技术重现已故明星形象，这也为电影和娱乐节目提供了新的表现形式；AI 驱动的自然语言处理技术可以快速生成多语言字幕，促进全球市场的影片发行；剪映等工具集成了 AI 智能字幕、数字人定制、声音克隆等功能，可以显著提升视频创作效率。

此外，AI 还可以通过与 VR/AR 技术的融合，为人们打造沉浸式互动体验。例如，在游戏化电影中根据玩家的选择动态调整剧情。

而像 Netflix 这样的流媒体平台，也在利用 AI 来优化其内容推荐系统，提高用户的满意度和观看时长。

AI 技术正全面重塑文化娱乐产业：从内容生产的智能化升级，到用户体验的个性化创新，再到产业运营的精细化管理，其应用深度与广度持续拓展。未来，随着技术的迭代突破，AI 有望进一步推动文娱行业向创意无限、交互多元的方向发展。

第七节　AI+ 制造——智能制造焕发无限活力

聊起 AI+ 制造，笔者想起一段亲身经历的智能制造故事。大学实训时，有一门数控机床课程，最初学习手工钳工，老师要求手工制作一把斧头，我们历经手工锯割、打磨、测量等工序才完成。接着接触手工机床，需要手动更换刀具、装夹零件、测量校准，甚至要频繁手动进行进给。在加工轴承、螺纹等零件时，我曾因粗心导致刀具碰撞零件，甚至出现零件甩出的危险情况，至今回想起来仍心有余悸。后来学习数控机床，只需在仿真软件中输入程序代码，待模拟加工通过后，将程序导入数控机床，即可自动完成零件加工。如今在 AI 大模型的助力下，用户仅需通过对话输入零件要求，系统便能智能理解意图、自动生成对应的零件模型，无需人工编写代码或绘图，后台自动完成设计与加工，前台界面直接输出成品，极大提升了制造效率。

2015 年，国务院印发《中国制造 2025》，作为我国实施制造强国战略的首个十年行动纲领，标志着制造业智能化转型升级的开端。2021 年，工信部等八部门联合印发《"十四五"智能制造发展规划》，明确提出"到 2025 年，智能制造能力成熟度水平明显提升"的目标，国内智能制造进入高速发展阶段。那么，究竟什么是智能制造？

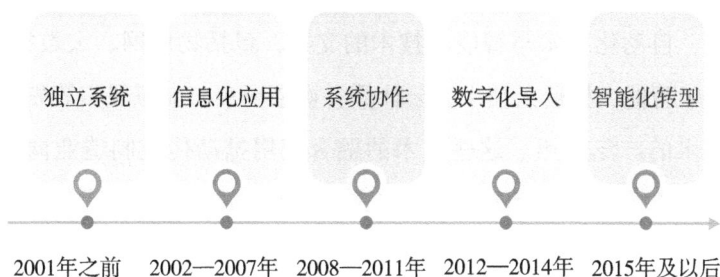

独立系统	信息化应用	系统协作	数字化导入	智能化转型
2001年之前	2002—2007年	2008—2011年	2012—2014年	2015年及以后

一、智能制造的定义及其实现方式

"智能制造"源于人工智能研究。1988 年，美国学者 Wright 和 Bourne 在《制造智能》中将其定义为：通过集成知识工程、制造软件系统、机器人视觉与控制技术，对制造技工的技能和专家知识进行建模。2016 年，工信部在《智能制造发展规划（2016—2020 年）》中明确：智能制造是基于新一代信息通信技术与先进制造技术深度融合，贯穿于设计、生产、管理、服务等制造活动的各个环节，具有自感知、自学习、自决策、自执行、自适应等功能的新型生产方式。

有学者将其定义为：利用先进信息技术、自动化技术与智能化技术，实现生产过程智能化、柔性化和高效化的制造模式。通过数字化、网络化、智能化手段，将传统制造业与现代信息技术结合，实现产品设计、生产制造和供应链管理等环节的高度集成与协同，从而提升生产效率、降低成本、增强产品质量与个性化定制能力。其核心理念是数字化生产、柔性化生产、智能化生产与协同化生产。

那么智能制造是如何实现的呢？它的实现离不开信息技术、自动化技术与智能化技术的支撑，包括物联网、大数据、人工智能、机器人技术、云计算、增强现实、虚拟现实等先进技术的广泛应用。这些技术的融合应用推动传统制造业向智能制造转型，从而实现生产方式、组织方式和管理方式的全面革新。

二、智能制造的优势及其与传统固定式生产的区别

智能制造具备三大核心优势。

（1）高效生产：通过数据驱动优化流程，显著提升生产速率、降低成本。

（2）质量可控：依托智能检测与闭环控制，减少人为失误，稳定产品质量。

（3）柔性制造：支持多品种、小批量生产，快速响应市场

个性化需求。

智能制造与传统固定式生产的区别如下所示。

传统固定式生产	智能制造
固定产线流程	灵活调整产线
周期维护、静态决策	预测性维护、动态决策
大批量标准化生产	多批量定制化生产
劳动密集型	人机协作型
系统孤立、协同有限	互联互通、数据共享

三、我国智能制造发展状况

智能工厂是智能制造的主要载体，是制造业数字化转型、智能化升级的主战场。截至 2025 年 2 月，《"十四五"智能制造发展规划》提出的"2025 年建成 500 个示范工厂"的目标已超额实现——我国已建成 3 万余家基础级智能工厂、1200 余家先进级智能工厂、230 余家卓越级智能工厂，覆盖超过 80% 的制造业行业大类，总数远超 500 个。与 2021 年相比，卓越级工厂数量增长超 25 倍，代表我国制造业正从"单点突破"转向"系统重构"。其中，计算机电子设备、汽车、医药等行业仍保持领先地位，而通用设备制造业一级及以下企业占比从 2021 年的 69% 降至 2024 年的 58%，四级及以上企业占比提升至 14%，进步速度持续领先。

四级（优化级）

能够对数据进行挖掘，实现了对知识、模型等的应用，并能反优化核心业务流程，体现了人工智能

二级（规范级）

核心业务的重要环节实现了标准化和数字化，单一业务内部开始实现数据共享

五级（引领级）

实现了预测、预警、自适应，通过与产业链上下游的纵向集成，带动产业模式的创新

三级（集成级）

核心业务间实现了集成，数据可在工厂范围内共享

一级（规划级）

开始对智能制造进行规划，部分核心业务有信息化基础

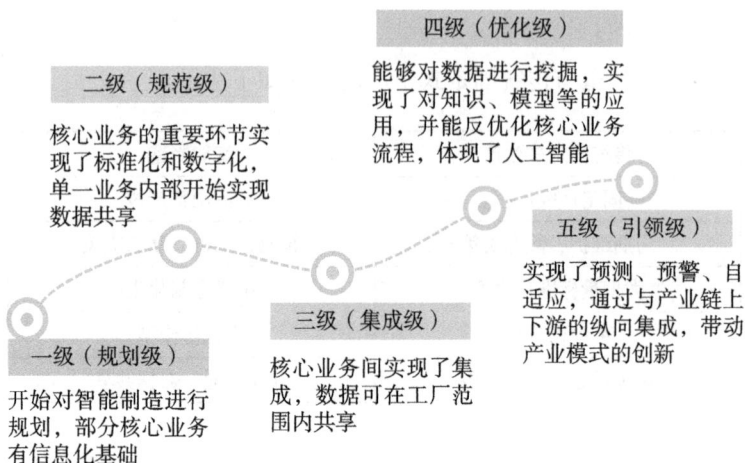

目前，我国智能制造应用规模和水平已进入全球领先行列。例如，我国制造业机器人密度达每万名工人 322 台，5G、AI 等关键技术应用规模稳居全球前列，海尔智家、比亚迪、华为等企业入选 2024 年全球智能制造百强，技术输出覆盖东南亚、欧洲等市场。

制造业是国民经济的主体，也是国家综合实力的重要体现。经历互联网泡沫和金融危机后，各国均意识到制造业才是立国之本与强国之基。因此，智能制造成为各国抢占竞争高位的新战场，也是第四次工业革命的核心领域。

四、中国标杆智能工厂实践经验

智能制造建设是复杂的系统工程，学习和借鉴标杆实践非常重要。2020 年，e-works 成功举办"首届中国标杆智能工厂百强榜"评选，2023 年再次组织"第二届中国标杆智能工厂百

强榜"评选，持续跟踪中国智能工厂的实践之路，以发现更多中国本土标杆智能工厂，探索智能工厂的建设重点、关键技术和实践经验。

这些标杆工厂通过集成先进的信息技术和制造技术，不仅提升了生产效率和产品质量，还推动了绿色制造和可持续发展，典型案例如下。

e-works标杆智能工厂评选框架

管理基础	工业互联	工厂数字化	物流与供应链	工业自动化	工业智能
精益生产 / HSE / 绿色制造 / 设备数据采集	车间联网 / 工业安全 / IT/OT融合	工厂监控与可视化 / 工艺与工厂仿真 / 生产计划与排产 / 制造执行 / 生产追溯 / 质量管理 / 设备运维 / 能源管理	采购与供应商管理 / 仓储管理 / 物料配送 / 运输管理	产线自动化控制 / 工业机器人应用 / 物流自动化 / 检测数字化	AI质检 / 数据展现与分析 / AR与数字孪生

1. 武汉海尔电冰柜工厂：柔性生产赋能个性化定制

面对家电行业发展困境，国内知名家电企业武汉海尔电冰柜公司主动革新，积极通过智能化改造与数字化升级构建行业领先的卧式冷冻柜智能制造超级工厂。工厂通过构建自动柔性生产线，借助智能设备和数字化系统，实现箱壳成型、内胆生产及部分总装过程的自动化、无人化和可视化，显著提升制造效率与质量。借助海尔COSMOPlat平台，用户可以全流程参与产品设计研发、生产制造、物流配送、迭代升级等各个环节，实现了"用户驱动"的生产，提供了个性化定制的最佳体验，树立了制冷行业制造竞争力新标杆。

2. 联想南方基地：数据驱动的智能排产与质量管控

作为联想全球智能制造母本工厂，联想南方基地以"打造集智能制造、创新孵化、产业赋能于一体的产业生态平台"为愿景，应用 AI、物联网、数字孪生、大数据分析等先进技术，通过自动化设备和软件系统的紧密配合，实现了计划排产、生产管控、质量检测、设备运维等多个场景的全面数字化管理。例如，通过生产数据创建仿真环境，运用深度学习算法引擎，实现订单最优排产，提高资源利用率和排产效率；运用数据仓库技术打造端到端的制造控制塔，提升生产效率和质量，缩短交付周期；通过机器视觉、AI 算法进行缺陷自动检测，解决人工检测困难、检出质量不稳定的难点；基于工业物联网（IIoT）技术实现设备预测性维护，为全面建设数字化及高效、柔性、智能、绿色的制造体系提供了有力支撑。

3. 杭州格力：全业务流程智能化升级

杭州格力是格力电器在全球兴建的第 11 大生产基地，其依托格力集团提供的先进制造技术，积极推进"智能工厂"建设，开展产线布局优化，构建涵盖从研发到生产、质量控制、供应链、物流等全业务流程的八大信息平台，应用多种智能生产设备、智能物流设备，并积极探索应用 5G、人工智能、机器视觉等前沿技术，着重提升数字化设计、智能化生产、安全化管控、数字化管理、绿色制造等能力，打造"自动化、信息化、智能化、柔性化、精益化、绿色化、定制化、敏捷化"的智能家电行业"标杆智能工厂"。

4.海康威视：大规模定制的柔性生产解决方案

海康威视围绕"建成覆盖'产品种类千余种，型号万余种'的视频终端大规模定制智能工厂"的目标，通过大规模应用 AGV、工业机器人、柔性夹具等智能装备，构建柔性自动化产线；在工厂联网和设备数据自动采集的基础上，通过建模、AR 技术，打造 AR 数字化车间；通过 MES、ERP、PLM、WMS 等系统的有效集成，以及云计算、大数据、物联网、AI 等技术的应用，实现订单智能排程、物料自动拣选与 JIT 配送、生产过程智能监控与预警，有效解决了大规模定制市场需求响应慢、产品研发周期长、换线频繁、物流响应慢等问题。

5.江南造船：人机融合推动船舶制造智能化

作为国内船舶行业旗舰企业，江南造船始终秉承"基于成本，人机融合"的智能制造发展理念，努力推动智能化生产，先后建成业内首个吊马智能工作站、业内领先的数字化小组立生产线等，实现智能协同作业；通过对车间切割设备联网，实现资源的优化配置，以及现场制造过程"人—机—料—法"的信息互联互通；建立具备"联网、预设、绑定、管控、评估"五大功能的综合信息化管理平台，实现"人控质量"向"机控质量"的变革；AR 辅助的装配终端利用装配信息模型可视化技术，实现复杂结构的高效精准装配。

6. 红豆服装智能工厂：C2M 模式引领柔性生产

红豆服装智能工厂作为红豆集团敏捷供应链的重要载体，通过引进裁剪、缝制、运转三方面的自动化设备，应用 5G、物联网、大数据、VR 等新一代信息技术，并打通 ERP、MES、APS、CAD、WMS 等业务系统，可以实时获取生产过程的人、机、料、法、环、测全范围数据，从而实现设计、生产与管理优化，以及生产异常的自动预警、物料与成品的自动出入库管理等。此外，该工厂还构建了由客户个性化需求驱动的智能化柔性生产方式，实现从量体、设计、定制、排程、生产到出厂的"7 天快返"，建立了服装产品以销定产、无库存的个性化定制（C2M）新模式，是国内领先的智能生产车间。

7. 公牛电器：数据标准化驱动全业务升级

公牛是国内民用电工行业的引领者，也是该行业智能制造、数字化转型变革的代表企业。宁波公牛电器公司以数据标准化为核心，围绕研、产、销全方位业务开展智能化改造、数字化升级，构建了包括设备控制、生产管理、企业运营等在内的数字化智能工厂整体规划，积极推动装配自动化、流程数字化、管理精细化、数据价值化。同时，该企业通过 PLM、MES、ERP、WMS、QMS 等系统的深度应用和集成，推动各项业务不断升级，从而实现了研发效率和研发质量提升、生产环节各要素协同管理、物流管理智能化和精益化及销售业务管控闭环，大幅提升了工厂管控和运营决策能力。

这些智能工厂的成功案例，不仅体现了中国制造业的创新实力，也为全球制造业的智能化发展提供了宝贵的经验和启示。随着技术的不断进步和应用的逐渐深化，中国智能制造将继续引领行业变革，为实现工业强国目标注入强劲动力。

第八节 AI+ 机器人——从自动化到智能化的跨越

人工智能与机器人技术的深度融合是现代科技发展的一个重要趋势。AI 为机器人提供了"大脑"，使它们能够执行复杂任务、自主适应新环境，并实现更自然的人机交互。

一、AI 赋能机器人的核心能力升级

在感知层面，AI 使得机器人能够通过传感器获取周围环境的信息，并利用深度学习算法对其进行分析和理解。例如，计算机视觉技术让机器人可以识别物体、人物和场景，这一功能在质检机器人的产品检验、服务机器人的人脸识别等方面都有着广泛应用。

同时，AI 还赋予了机器人学习和适应能力。通过强化学习等技术，机器人可以执行复杂的操纵任务，并在不断的实践中改进自己的行为，以适应新的任务和环境变化。例如，一些家用清洁机器人能够在多次清扫后，更有效地规划清扫路线，以主动避开障碍物。

AI 还增强了机器人的操纵能力，使它们能够执行精细的动

作，如抓取不同形状和大小的物体。

自然语言处理和语音识别技术使得机器人能够更好地理解人类的语音命令，并做出准确的回应，这使得人机交互更加自然和便捷；面部表情和手势识别技术也使得机器人能更好地进行非语言交互。

另外，AI 通过对机器人运行数据的分析，可以提前预测可能出现的故障，从而减少停机时间和维修成本。通过机器学习，机器人可以从经验中学习并改进其性能，甚至在没有人类指导的情况下进行自我优化。

二、多元化应用场景的深度拓展

1. 制造领域

AI 机器人已广泛应用于生产线，实现焊接、装配、切割、分拣等工序的智能化升级，显著提升了生产效率和产品质量。例如，重庆一家汽车超级工厂部署了 3000 多台 AI 机器人协同制造新能源汽车，实现了生产的高度自动化，特别是在总装车间，自动化率达到了 52%，最快 30 秒即可下线一台新能源汽车；同时，通过采用先进的 AI 技术和激光技术，工厂提升了装配精度且降低了损耗；工厂还利用 AI 智能检测系统全面监控生产流程，确保每一辆汽车都符合质量标准。

2. 医疗领域

手术机器人依托 AI 图像识别与运动控制技术，可以辅助医生完成毫米级精度操作；护理机器人通过情感计算与语音交互技术，可以为患者提供陪伴照护服务，减轻医护人员的工作负担，从而有效缓解医疗资源紧张问题。

3. 服务领域

导览机器人、咨询机器人基于 NLP 与知识图谱技术，提供多语言智能服务；陪伴机器人通过情感识别与对话生成技术，满足人们的情感交流需求。

4. 物流领域

仓储机器人运用 AI 算法实现路径动态规划与货物智能分拣，极大地提升了仓储效率和精准度；配送机器人结合实时路况数据优化配送路线，显著提升了物流效率。

三、前沿技术突破与创新实践

1. 无人机集群"对话式"协同技术

上海人工智能实验室赵斌团队聚焦于大模型与具身智能的深度融合，首创无人机"对话式"交互新范式，在无人机集群领域实现了前所未有的协同控制水平。通过引入先进的人工智能大模型，该团队不仅赋予了单个无人机强大的自主决策能力，更关键的是，他们所设计的"对话式"交互系统使得无人机集群能够像一个团队一样进行实时沟通和协作。这种创新的"对话式"交互机制，允许无人机之间通过模拟自然语言交流的方式传递位置、状态、目标信息，以及应对复杂环境变化的战术策略。每架无人机均搭载了高度优化的大模型，以实现高效的信息处理，犹如拥有了可以实时"思考"的智能大脑。实验结果显示，运用此交互系统的无人机集群能够在面对复杂、动态环境任务时表现出卓越的适应性和执行效率，显著提升了整体系统的智能化程度。例如，在模拟搜救、环境监测等应用场景下，无人机集群展现出高效的协作能力和自我组织效能。

2. 通用人形机器人的技术落地

2023 年，宇树科技发布"国内第一台能跑的全尺寸通用人形机器人"Unitree H1。该机器人"拥有稳定的步态和高度灵活的动作能力，能够在复杂地形和环境中自主行走和奔跑"，还可以完成后空翻、舞蹈等精细动作。这款机器人的面世标志着我国在通用机器人运动控制领域达到国际领先水平。

国内第一台能跑的全尺寸通用人形机器人

拥有稳定的步态和高度灵活的动作能力，能够在复杂地形和环境中自主行走和奔跑

3. 泛化具身大模型的场景拓展

2024 北京智源大会上，银河通用发布了首代泛化具身大模型机器人银河通用 G1，其已具备超强泛化识别抓取及 3D 视觉导航能力。北大 - 银河通用具身智能联合实验室主任、北京智源人工智能研究院具身大模型负责人王鹤博士表示："除深度布局零售场景外，银河通用也已在工业、物流、教育等多个领域展开了深入的场景交流和落地验证，并与多个企业和机构达成了战略合作。未来我们还将进一步探索社区养老、家庭服务等更多应用场景。我们希望，机器人可以在多个基础但又繁杂的任务中切实帮助到人类，作为新质生产力成为企业发展的新动能。"

AI 与机器人技术的融合正在推动自动化和智能化的新浪潮，影响着制造业、医疗保健、服务业、交通运输、农业等多个行业。随着技术的不断进步，我们可以预见未来将有更多智能机器人融入我们的日常生活和工作中。

第九节　AI+ 居家生活——智能家居提升生活品质

在现代社会，人工智能不仅在职场、教育、医疗、零售、金融、文娱、制造、机器人等领域发挥着重要作用，也在逐步改变我们的居家生活。从智能家电到健康管理，从智能辅助育儿到智能安全保障，AI 正为我们的日常生活带来前所未有的便利与舒适。本节将探讨如何利用 AI 技术来提升居家生活质量，并通过具体的案例来说明 AI 是如何在我们的日常生活中发挥作用的。

一、智能家电与安全防护：构建智慧家居基石

1. 智能家电的场景化革新

（1）智慧饮食管理：智能冰箱可以通过 AI 智慧保鲜、AI 智慧存储、AI 智慧交互等功能，主动感知并实时净化食材变质异味，智慧管理食材信息，并给出临期食用及缺货提醒；通过内置摄像头监测食物存量，自动创建购物清单，并提供健康食谱建议，全面提升智慧饮食体验；此外，冰箱还能通过语音、智慧屏、灯光等多种模态，与用户进行多感官融合的自然交流，提供个性化的服务。

（2）衣物护理升级：搭载 AI 技术的智能洗衣机能够自动识别衣物的材质、颜色和污渍程度，并选择最适合的洗涤模式和温度，为衣物提供最佳的洗护效果；通过与手机连接，可实现远程操控和定时预约洗衣的功能；同时，采用 AI 赋能的洗衣机能耗更低，可有效减少能源消耗。

（3）清洁自动化：智能扫地机器人利用 AI 技术可以实现智能规划清扫路线、智能语音控制、智能远程控制、智能避障与防跌落、智能分区清扫，以及智能识别地毯、地板、瓷砖等不同材质的地面，并智能调整清洁模式和吸力大小，确保在保护地面的同时达到最佳的清洁效果。

2.全天候安全防护体系

（1）智能门禁与监控：在居家安全方面，智能安防系统通过人脸识别和声音识别技术，确保只有授权人员才可以进入住宅。例如，智能门锁采用先进的人脸识别触发系统，只要主人一走近就启动人脸识别，无需再触摸屏幕，即可轻松解锁；同时采用 AI 人体检测技术，门外有人时瞬间启动拍摄，并推送视频至主人手机；如果门处于虚掩状态，门锁会在 3 秒内发出报警提示音，同时向手机发送提醒；发生密码多次试错、门锁被撬、门锁低电量等异常情况，也会智能提醒；联动智能屏幕后，可实现远程可视对讲与一键开锁。

（2）环境安全监测：智能烟雾探测器利用 AI 算法分析空气中的微粒，及时发现火灾隐患，并通过手机 App 发送警报；家用智能摄像头在人体姿态 AI 赋能下，可以识别检测目标区域，若有人不慎跌倒，立即给关联手机发送告警通知，以便及时采取应急措施；通过 AI 人形检测技术，主动预测"看不见"的风险，如独居老人未按时在早餐时间出现会推送警告；通过 AI 烟火图像检测技术，可以智能识别烟火风险，如厨卫烟火异常时会立即推送告警通知；还可以通过智能手机 App 自由调整摄像头视角，以及一键视频通话，让人们可以远程陪伴家人聊天。

二、健康管理与居家医疗：打造主动健康生态

1. 个性化健康监测

各种智能可穿戴设备（如智能手环和智能手表）可以实时监测心率、血压、睡眠质量、血氧饱和度等健康指标，通过 AI 算法分析相关数据并提供健康方面的建议；智能体重秤通过连接智能手机 App，可以定期记录体重变化，并提供饮食和运动等方面的建议。

2. 远程医疗与健康顾问

通过在线诊疗平台，我们足不出户即可享受名院名医的远程医疗服务，平台会根据个人具体情况提供覆盖疾病预防、问诊到康复指导的全周期健康服务；AI 健康助手基于自然语言处理技术，可以实时解答健康疑问并提供就医指引，成为家庭的"24 小时健康管家"。

三、教育娱乐与生活助手：重构家庭交互模式

1. 智能教育辅助

家庭 AI 系统可以根据学生的学习习惯与能力，精准推荐课程资源并智能批改作业（客观题自动批改，主观题提供评分建议）；AI 学习机、翻译笔等智能设备可以辅助学生自主学习，并提供个性化的学习内容和规划；各类智能辅导软件，可以提供各个年龄段、各个学科的个性化学习方案，帮助学生从被动学习转向主动学习。

2. 娱乐与生活管理

智能音响通过语音助手可以实现音乐播放、信息查询（天气、新闻）等功能；智能电视通过 AI 推荐系统，可以为家庭成员提供个性化的内容推荐；个人智能助手可以辅助做好家庭成员的日程安排，如会议、约会、孩子的课外活动等；智能购物助手可根据家庭成员的喜好和购买历史，提供购物建议和商品优惠信息。

四、特殊群体关怀：科技赋能温度守护

1. 老年照护场景

（1）智能床垫监测睡眠质量与体动数据，如有异常情况会实时预警。

（2）智能药盒提醒老年人按时服药，并记录服药情况，确保用药安全。

（3）混合现实智能相框支持远程视频通话，结合 AI 技术实现亲人虚拟陪伴，缓解老人孤独感。

（4）面向视力障碍老年人，AI 可提供语音播报天气、新闻、音乐等服务。

2. 育儿与儿童成长

（1）智能婴儿监护器可以实时监测婴儿的呼吸、心跳、体温等生命体征，还可以智能提醒父母更换尿布、喂食，并支持远程监控婴儿的安全状态。

（2）智能育儿助手通过语音或图像识别技术，帮助父母理解婴儿的需求，还可以基于大数据提供早期教育和启蒙游戏建议及支持。

（3）各类结合 AR/VR 技术的互动式玩具，可以促进婴幼儿认知能力和创造力的发展，通过游戏化学习提高学习效率，并具备安全监控功能，确保孩子在玩乐过程中的安全。

（4）针对孤独症儿童的特殊需求，AI 也可以提供辅助康复训练。例如，智能康复游戏可以通过游戏化的方式帮助孤独症儿童进行社交技能训练，AI 情绪识别系统可以帮助孤独症儿童识别和表达情绪，提高其沟通能力。

在利用 AI 技术提升居家生活质量的时候，我们应注意以下几点：第一，分析家庭成员（如老人、儿童）的核心需求，明确 AI 技术应用场景（如安全、健康、教育等）；第二，根据家庭预算和个人偏好选择合适的 AI 产品和服务，同时整合现有家居系统，确保新的 AI 设备和服务能够与家中的其他智能设备无缝连接；第三，还要为家庭成员提供必要的培训和指导，确保他们能够充分利用 AI 产品的功能，并定期评估 AI 产品的使用效果，以不断优化智能居家生活。

随着技术的不断进步，我们期待 AI 能在居家生活中发挥更大的作用。例如，智能家居系统将能够预测用户的需求并提前做好准备，能够调整环境以更好地适应用户的心情，能够持续学习用户偏好并提供更加精准的服务等。在未来，智能家居系统不仅可以为每一个家庭创造更加舒适、便捷和健康的生活环境，甚至还将成为更大智能生态系统的一部分，与城市的基础设施和服务相连接，形成智慧社区乃至智慧城市。

第十节　AI+ 交通出行——自动驾驶与智慧交通新图景

在现代社会，交通出行是人们日常生活中不可或缺的一部分，无论是上班通勤还是假日出游，都需要依赖各种交通工具。随着人工智能技术的发展，交通出行正在经历一场革命性的变革。从自动驾驶到智能交通管理系统，再到个性化出行服务，AI 正在以惊人的速度改变着我们的出行方式。

一、自动驾驶：从辅助驾驶到全场景智驾的跨越

自动驾驶是 AI 在交通出行领域最激动人心的应用之一。借助先进的传感器技术，如激光雷达（LiDAR）、摄像头、超声波传感器和毫米波雷达，自动驾驶能够实时感知周围环境，并通过 AI 算法进行数据分析，从而做出相应的驾驶决策。这种技术不仅能大幅减少人为因素引发的交通事故，还能显著提升交通效率。

想象一下这样的场景：早上出门前，你只需用手机轻轻一点，一辆自动驾驶汽车便会提前抵达门口等候。车辆不仅能自动规划最优路线，还能依据实时交通状况动态调整行车策略，灵活避开拥堵路段。车内配备了舒适的座椅与丰富的娱乐设施，让你在前往目的地的途中既能放松休息，也可处理工作事

务。抵达目的地后，自动驾驶汽车能够自动寻找并驶入合适的停车位，彻底解决停车位难找、停车场拥挤、车位难停等停车难题。

二、智能交通管理：破解城市拥堵的"数字大脑"

交通拥堵一直是个令人头疼的问题。然而，AI 技术的应用为解决这一难题带来了希望。智能交通管理系统通过部署大量的传感器和摄像头，结合 AI 算法，能够实时监控路面状况，并据此调整红绿灯的配时方案。

此外，AI 还能帮助交通部门预测未来一段时间内的交通状况。通过对历史数据的学习，AI 模型能够识别出交通流量的变化规律，提前规划好应对措施，比如增加公交班次或调整地铁运行间隔。这样不仅可以缓解交通压力，还能减少市民等待时间，提高整体出行效率。

三、智能导航与个性化出行服务：重新定义"路径选择"

过去人们出行时常常因为找不到正确路线而烦恼。而现在，借助 AI 技术，这个问题将迎刃而解。现代导航系统不仅能提供精确的定位服务，还能根据实时路况为驾驶者推荐最佳路线。特别是在遇到突发事件（如交通事故或道路施工）时，AI 系统会立刻重新计算路径，并及时更新导航信息，帮助驾驶者避开受影响路段。

不仅如此，未来的导航系统还将更加人性化。它们能够学习用户的出行偏好，比如喜欢走高速公路还是风景优美的乡间小道，并据此提供个性化建议。

在某些情况下，导航系统还能与智能手表或智能家居系统联动，根据用户日程自动计算出发时间，并提醒用户按时出发，以免错过重要行程。

四、公共交通智能化：从"准时准点"到"按需响应"

AI还在逐渐改变着公共交通系统。智能公交站牌为乘客提供了更加便捷的出行体验。通过智能公交站牌，乘客可以实时查看公交车的到站时间和路线信息，合理安排自己的出行时间。

无人驾驶公交车已经开始在部分城市试点运行，它们不仅能够按照预定路线行驶，还能根据实际需求灵活调整班次。这样既方便了乘客出行，又提高了运营效率。未来，随着技术的不断完善，我们或许能看到更多种类的无人驾驶交通工具出现在街头巷尾，比如无人驾驶出租车、无人驾驶货运车、无人驾驶地铁列车等。

对于铁路交通而言，AI也有着广泛的应用前景。通过AI技术，铁路公司能够实现列车的精准调度，确保每趟列车都能准时到达目的地。此外，AI还能帮助铁路系统应对突发事件，如因天气恶劣导致列车延误时，可以快速重新规划时刻表，尽量减少对旅客的影响。

五、共享出行：构建高效运力网络

随着共享经济的兴起，越来越多的人开始尝试共享单车、共享汽车等新型出行方式，而 AI 技术则让这些服务变得更加智能。

共享单车和共享汽车通过智能锁和定位系统，实现了车辆的自动租赁和归还，用户可以通过手机 App 随时随地租用车辆。以共享单车为例，运营企业可以通过 AI 分析用户骑行习惯，预测特定区域的需求量，并据此调配车辆分布，确保用户能方便地找到可用车辆。同样，共享汽车服务也能借助 AI 技术实现精细化管理，比如根据用户的信用等级和使用频率提供差异化的优惠政策等。

AI 还可以用于共享出行的安全管理。通过人脸识别和行为分析等技术，共享出行平台可以对用户的身份进行验证，确保用户的安全。同时，AI 还可以监测车辆的行驶状态和驾驶员的行为，及时发现违规行为并进行处理。对于那些不经常开车的人来说，按需租车服务无疑是个福音。只需要通过手机应用程序下单，便会有自动驾驶车辆前来接送。而且，由于车辆是按需分配的，因此能够最大限度地减少资源浪费。

从自动驾驶汽车到智能交通管理系统，从智能导航到共享出行，每一项技术创新都在为我们带来更加便捷、安全、高效的出行体验。随着 5G 网络的普及、6G 的加快到来和物联网技术的进步，一个智能化、无缝衔接的出行体系正在形成。未来，无论是对个人用户还是整个社会而言，AI 都将为交通出行带来深远的影响。我们期待着在这个充满无限可能的时代里，AI 能够继续为我们带来更多的惊喜与便利。

第五章

创业指南：
从识别商机到全球布局

第一节 识别商机——需求洞察与战略选择

任何创业行动前都一定要做好商机识别和战略选择，否则很可能因方向误判、资源错配或竞争应对失当而陷入被动，导致创业项目失败。那怎么才能准确识别商机、做好战略选择呢？以下五点可作为创业者在 AI 领域寻找商机和选择战略的参考。

一、痛点挖掘与市场机会识别

那些成功的创业往往始于对用户需求的深刻理解。所以，识别商机的第一步是站在用户的角度思考，分析他们在生活和工作中存在的痛点，思考是否能通过 AI 等新技术提供解决方案。

例如，59store 的创业团队在就读大学期间观察到很多大学生都有夜晚购买零食的需求，而校园内的便利店往往因超出营业时间而无法提供服务。针对这一需求，他们创建了一个能够

5 到 9 分钟快速送达所需商品的校园电商平台。通过满足这一细分市场的特殊需求，59store 迅速获得了市场认可，先后获得了多次投资。饿了么创业团队也是在上学期间发现因校园面积太大导致很多学生就餐不方便，所以创立了该外卖平台以解决这个痛点，后来团队也大获成功。

再比如，纸鸢科技基于对人们失去亲人后的情感需求的深刻洞察，借助 AI 复刻形象、AI 复刻声音、AI 复刻思想等技术，推出 AI "数字永生"项目，使用户能够与逝去的亲人进行虚拟互动，从而获得情感慰藉。这种不同于传统悼念方式的项目一经发布就广受媒体关注，并获得大量用户好评。

二、差异化竞争与市场定位

仅仅找到商机是远远不够的，创业者还要思考自身或其产品能为用户提供什么独特的"稀缺"价值，如何利用 AI 等新技术、新的商业模式构建独特的竞争优势，以及如何在市场中找准自己的定位，以便与市场上现有的产品或服务区分开来。

以 AI 数字永生、AI 数字分身市场为例，许多 AI 数字人仅能做出简单的肢体动作或模拟人声发言，且大多以短视频形式交付，无法像真人一样实现实时互动交流。纸鸢科技瞄准短视频直播平台的流量红利，洞察到用户在评论区反馈的差异化需求，利用 AI 技术为用户提供可实时互动聊天的 AI 数字永生、AI 数字分身服务，由此获得了有此类差异化需求的用户订单。

差异化竞争和市场定位还可从多个维度展开思考：在地理

位置上，可按一线、二线及三四线城市进行划分；在用户层级上，可按高客单价、中客单价、低客单价进行划分；在用户群体上，可按儿童、青少年、老年等不同年龄段进行划分；另外，从技术实现难度、成本投入、投入产出比以及交付方式等角度，同样能找到差异化竞争点与独特的市场定位。

三、市场评估与商业模式设计

在决定进入某个市场前，创业者需要对市场容量、潜在竞争对手、目标客户群体等进行评估。在此过程中，我们可以将波特五力模型作为辅助思考的工具（如下表所示）。

波特五力模型要素	通俗解释
新进入者的威胁	新公司或跨界企业试图进入该市场时可能带来的竞争压力，其影响取决于行业进入门槛（如技术壁垒、政策限制等），以及现有企业的反击能力
行业内竞争	现有市场中企业之间竞争的激烈程度，包括竞争者数量、产品同质化程度、价格竞争强度及市场份额争夺态势等
替代品的威胁	能够满足消费者相同需求的替代产品或服务的竞争力。例如，可乐的替代品包括果汁、茶饮料等，替代品性价比越高，原产品的市场空间越易被挤压
供应商的议价能力	供应商对原材料价格、质量、交货期等的控制能力。若供应商高度集中或掌握核心资源，企业可能被迫接受高价或劣质供给，影响自身的利润和竞争力
购买者的议价能力	客户对产品价格的谈判能力。当客户集中度高、采购量庞大或产品可替代性强时，客户可能通过压价降低企业的利润空间

同时，基于商业画布模板设计合理的商业模式至关重要，这决定了公司的盈利模式与可持续发展能力（如下表所示）。

商业模式画布要素	描述
客户细分 （Customer Segments）	明确你的目标用户群，即你的产品或服务所针对的一个或多个客户群体
价值主张 （Value Propositions）	明确你提供给客户的独特价值，即你的产品或服务如何满足客户的需求或解决他们的问题
渠道通路 （Channels）	确定如何将你的产品或服务传递给客户，包括销售渠道、交付渠道等
客户关系 （Customer Relationships）	建立和维护与不同类型客户之间的关系，包括售后服务、客户支持等
收入来源 （Revenue Streams）	确定你从客户那里获取收入的方式，可以是销售、订阅、广告等多种方式
核心资源 （Key Resources）	列出实现商业模式所需的核心资源，如技术、人力资源、专利等
关键业务 （Key Activities）	指明企业为了达成商业模式、实现供给和交付所需进行的关键业务活动
重要伙伴 （Key Partnerships）	梳理与外部组织或个人的合作关系，如供应商、经销商、服务商等，通过资源互补提升商业模式效能
成本结构 （Cost Structure）	列出用于维持商业模式运作所需的成本，包括研发成本、营销成本、人力成本等

以 AI "数字永生"项目为例，某企业通过细致的市场调研发现，尽管市场上存在纪念逝者的基础服务，但缺乏针对不同用户的个性化解决方案。基于此，该企业设计了阶梯式年度订阅制收费模式，以满足不同客户的需求。同时，他们借助短视频直播平台的流量红利获客，并通过发展区域代理商拓展线下

渠道。在技术层面，他们未自主研发 AI 语音、AI 形象等底层技术，而是直接调用开源接口，确保项目以低成本运行，从而快速验证客户需求的真实性及盈利的可能性。

四、风险考量与策略调整

AI 创业面临着多重风险，包括市场风险、法律风险和政策风险。这些风险可能对创业项目产生深远影响，因此创业者必须在项目启动前进行全面的风险评估，并制定相应的应对策略，以降低各种不确定性带来的负面影响。

首先，市场风险是 AI 创业中不可忽视的重要因素。AI 技术的快速发展和广泛应用虽然带来了巨大的市场潜力，但也加剧了竞争的激烈程度。创业者需要准确评估市场需求，避免因技术超前或产品定位不当而导致出现市场接受度低的问题。此外，AI 技术的快速迭代可能导致产品生命周期缩短，创业者必须保持敏锐的观察力，及时调整产品方向，以适应市场变化。

其次，法律风险在 AI 创业过程中也普遍存在。AI 技术的应用往往涉及复杂的法律问题，如数据隐私、知识产权保护以及算法偏见等。尤其是在数据驱动的 AI 项目中，创业者需要确保数据的收集、存储和使用符合相关法律法规，避免因法律问题导致项目停滞，甚至让自身面临法律制裁。此外，AI 技术的专利保护和知识产权管理也是法律风险的重要来源。创业者应建立完善的法律合规体系，聘请专业法律顾问，并在项目启动前进行全面的法律审查。

最后，政策风险是 AI 创业中不可忽视的外部变量。AI 技术的快速发展引发了广泛的社会关注，各国政府纷纷出台相关政策以规范行业发展。政策的不确定性可能对 AI 创业项目产生重大影响，例如技术出口限制、行业准入门槛提高等。创业者需要密切关注政策动态，并制定灵活的应对策略。

五、战略选择与执行

战略选择不仅是对技术和市场趋势的判断，更是对创始人个人兴趣、能力以及团队资源的综合考量。一个清晰且可执行的战略是创业成功的基础，而有效的执行则是将战略转化为实际成果的关键。

首先，战略选择的核心在于精准定位。创业者需要深入分析自身的核心竞争力，明确团队的技术优势、行业经验以及独特资源。同时，创业者需要通过市场调研了解目标用户的需求、竞争对手的动态以及行业发展的趋势。只有将自身优势与市场需求相结合，才能制定出具有竞争力的战略。

其次，创始人的兴趣和能力对战略选择具有重要影响。只有选择自己真正热爱且擅长的领域，才能在面对困难时保持韧性和动力。例如，如果创始人对技术创新充满热情，那么可以将战略重点放在研发上，通过持续的技术突破建立竞争壁垒；如果创始人更擅长市场运营，那么可以将战略重心转向商业化路径的探索，通过快速占领市场实现企业利润增长。

在战略执行阶段，团队的执行力和资源的合理配置是决定成败的关键。执行力的提升需要明确的目标管理、高效的沟通机制以及强大的团队协作能力。创业者可以通过设定清晰的阶段性目标，将战略分解为可操作的任务，并通过定期的进度评估确保团队始终朝着正确的方向前进。同时，资源的合理配置至关重要。创业者需要以有限的资源实现效益最大化，如通过优先级管理确保关键任务获得足够的支持，或者通过灵活的外包策略降低固定成本。

此外，战略执行过程中还需要保持灵活性和适应性。市场环境和技术趋势的变化往往超出预期，创业者需要具备快速调整战略的能力。例如，当市场需求发生变化时，及时调整产品定位；当技术研发遇到瓶颈时，果断探索新的解决方案。这种动态调整能力不仅需要敏锐的市场洞察力，还需要团队的快速响应能力。

最后，创业者在战略选择与执行中还需要注重长期愿景与短期目标的平衡。短期目标是团队前进的动力，而长期愿景则是企业持续发展的方向。例如，初创企业可以通过快速推出最小可行产品（MVP）验证市场需求，同时为未来的技术研发和市场扩张预留空间。这种平衡不仅有助于企业在短期内获得生存空间，还能为自身的长期发展奠定坚实基础。

总之，战略选择与执行是创业过程中至关重要的环节。创业者需要结合自身优势与市场环境，制定清晰且灵活的战略，并通过高效的执行将战略落地。同时，保持对长期目标的坚持和对短期变化的适应，这样才能在复杂多变的商业环境中实现持续增长，从而在 AI 领域成功创业。

第二节　人脉积累——核心团队与人才获取网络构建

在 AI 创业的过程中，构建稳固的人际关系网络和寻找合适的合伙人及关键人才是决定创业成败的关键因素之一。以下步骤和策略，将帮助创业者有效地拓展人际关系，吸引并留住顶尖人才。

一、积极参与行业活动或专业社群

定期参加与业务相关的行业会议、研讨会、展览、峰会、创业大赛等，不仅可以获取行业前沿信息，还能结识志同道合的同行和潜在合作伙伴。在这些活动中，你可以主动与参会者交换名片、添加对方联系方式，并在会后保持一定的沟通和互动，逐渐建立长期联系。例如，在一次 AI 行业沙龙上，某企业的创始人通过圆桌讨论环节，与几位业界专家建立了联系。会后，他通过发微信、打电话及面谈等方式持续跟进，最终成功邀请到一位在 AI Agent 领域有深入研究的青年科学家担任公司顾问。

此外，加入线上和线下的专业社群也是拓展人际关系的有效方式。例如，加入行业微信群、论坛小组或知识分享平台（如小宇宙等），在这些平台上积极发言，分享有价值的观点和经验，以吸引他人的关注并提升个人影响力。同时，通过提问和互动，可以吸引更多行业内的人士注意到你的专业性和积极性。例如，某创业者通过在 AI 相关社群内持续发表高质量的 AI 技术文章或者 AI 视频，不仅吸引了优秀人才主动联系，还引起了几位可以帮他售卖 AI 产品的渠道商的注意，最终通过多次交流，结识了多名潜在的合伙人和关键人才。

在参与行业活动或专业社群时，保持主动性和持续性至关重要。无论是线上还是线下，积极展示自己的专业能力和合作诚意是吸引优秀人才和合作伙伴的核心因素。通过这些方式，创业者可以逐步构建高质量的人际关系网络，为企业的长期发展奠定坚实基础。

二、利用社交媒体塑造个人品牌

在数字时代，社交媒体是构建个人影响力、链接优质资源的核心阵地。创业者可通过系统化的个人品牌运营，吸引行业优质人才、潜在合伙人及目标客户，为创业项目积累无形资产。

1. 个人 IP 塑造

个人 IP 的塑造需以"价值输出"为核心，我们可以在微信视频号、抖音、小红书、小宇宙等平台构建差异化内容矩阵。

（1）行业洞察类：分享 AI 技术趋势、创业方法论等，展现专业深度。

（2）产品叙事类：通过场景化视频演示产品功能，解读自身的技术如何解决用户痛点。

（3）人格化内容：分享创业日常，传递真实价值观，增强用户情感共鸣。

例如，某企业创始人在微信视频号、抖音上开设了个人账号，定期分享创业笔记、创业心得等，内容涵盖商业模式拆解、团队管理心得、合规风险案例等。通过高质量的内容输出，他成功吸引了数万名关注者，其中不乏潜在的合作伙伴或核心团队成员。雷军等企业家的成功实践表明，个人品牌的核心竞争力在于"利他思维＋真实人设"——前者通过免费知识分享建立信任，后者通过生活化表达消除企业家与公众的距离感。

2. 链接关键资源

我们应主动关注行业内的知名人士和意见领袖，通过私信或评论区留言等方式积极与对方建立联系。这种主动出击的态度，有时会带来意想不到的收获。例如，某 AI 领域创业者通过持续几个月在某技术专家的视频号下发表专业评论，成功获得对方关注。该专家不仅为其创业项目提供技术顾问支持，还通过自身人际关系网络为其引荐了行业内资深产品专家，加速了创业项目的落地。

3. 垂直社群运营

我们还可以加入行业峰会社群、学术论坛群组、开源技术社区等精准圈层，通过"贡献者思维"打造个人影响力。

（1）主动解答群内技术问题，输出标准化解决方案。

（2）组织主题研讨，邀请群内知名人士或专家学者担任嘉宾，提升社群活跃度。

（3）定期分享独家资源，强化自身"资源枢纽"的人设。

塑造个人品牌的本质是"持续传递可感知的独特价值"。创业者需将社交媒体运营视为战略投资——不仅要输出专业内容，更要构建"吸引—互动—转化—裂变"的完整链路，让个人品牌成为撬动创业资源的杠杆。

三、熟人介绍与社交圈拓展

借助熟人间的信任背书与社交圈层的精准渗透，是高效链接优质资源的核心策略。相较于陌生社交，熟人引荐能大幅降低沟通成本，快速建立合作基础。

1. 激活现有社交网络

通过校友、股东、朋友等熟人拓展人际关系，关键在于构建"价值交换"的良性循环。

（1）精准需求对接：明确自身所需资源（如技术专家、场景渠道、资本支持），向熟人清晰传递自身需求（如"我们正在寻找具备××技术经验的 AI 工程师，您是否有合适人选推荐"）。

（2）双向价值赋能：在寻求帮助的同时，主动为熟人提供资源支持（如推荐客户、分享行业报告等），强化双方关系。

例如，某企业创始人通过大学校友会活动，结识了一位在 AI 领域有着丰富经验的校友。通过这位校友的引荐，公司成功聘请了一位在 AI Agent 领域有专长的技术专家，直接推动了 AI 数字分身项目的技术落地。

2. 积极参加线下社交

定期参加线下的校友聚会、行业技术会议、商业协会活动等，是拓展社交圈、寻找潜在合作伙伴的重要途径。

（1）活动类型筛选：优先选择垂直领域峰会（如全球人工智能开发者大会）、高端社群沙龙（如长江商学院创新论坛）、行业协会年会（如中国计算机学会 AI 分会）等，此类活动聚集了大量具备决策能力的从业者。

（2）高效社交策略：在准备阶段，要研究活动嘉宾名单，锁定重点对接对象，提前了解其业务方向；在互动阶段，要通过主题发言、圆桌讨论等公开场景建立专业形象，再在合适的机会添加对方联系方式；在跟进阶段，要在活动结束后尽快向对方发送信息，如"今天聆听您关于数据合规的分享深受启发，附上我们整理的《生成式 AI 伦理审查清单》供您参考"，拓展双方交流广度，提升后续合作可能。

例如，在一次 MBA 校友聚会上，一位 AI 创业者遇到了一位拥有丰富市场经验的校友。两人一拍即合，决定合作开发一款面向教育行业的 AI 辅助教学软件，最终共同创立了一家成功的教育科技公司。

四、识别与引进关键人才

在创业过程中，精准识别关键岗位需求并构建高效的人才引进机制，是打造核心团队的重要支撑。

1. 明确关键岗位需求

协同合伙人及董事、股东，从战略层面明确关键岗位的能力模型，包括岗位所需的专业技能、工作经验、性格特点以及团队协作能力等方面。例如，某芯片企业在招募硬件设计总监时，将"流片失败复盘经验""跨部门技术谈判能力"纳入核心评估指标，有效提升了岗位与人才的匹配度。

2. 构建人才获取网络

与深耕 AI 领域的猎头机构合作，提供详尽的人才画像说明书，利用其专业服务和人际资源来寻找关键人才；在垂直招聘网站（如拉勾、脉脉等）发布招聘信息，突出岗位的技术挑战性（如"主导千万级参数模型的工程化落地"）与成长空间（如"参与核心技术专利申报"），吸引高潜力候选人；利用算法筛选简历时，增设"开源项目贡献""顶会论文引用量"等评估维度，避免仅考查工作年限的粗放筛选。

3. 内部培养与人才储备

创业公司可以通过培训、轮岗、升职加薪等方式，激发员工的潜力和创造力，为公司的发展注入源源不断的内在动力；同时，创业公司要尽可能地与高校展开合作，通过共建"人才培养基地"、赞助学术会议、提供研发设备等方式，优先获取毕业生推荐资格，并提前锁定顶尖科研人才。

在 AI 人才争夺战中，成功的关键不仅在于提供优厚待遇和成长空间，更在于构建长期价值绑定的用人机制。例如，某 AI 创业企业通过校企合作提前锁定某知名高校 AI Agent 领域的研究生团队，不仅解决了短期技术缺口，更通过持续的学术交流与创业支持，使这些青年人才成长为公司技术迭代的核心力量，形成人才与企业共生共长的良性生态。

五、建立人才储备库

构建动态化的人才储备体系，是应对 AI 创业团队快速扩张需求的关键策略。通过系统性记录与管理潜在候选人信息，企业在招聘新的人才时，可以快速从人才储备库中筛选出合适的人选进行面试和录用，从而显著降低招聘周期与成本。

例如，某企业在一次招聘过程中收到了几百份简历，虽然只聘请了少数几位候选人，但他们将所有优秀但未被录用的候选人都纳入了人才储备库，详细记录了他们的技术能力、专业特长以及个性特征。几个月后，当公司需要扩充团队时，他们直接按岗位需求从储备库中筛选出了合适的候选人，大大节省了招聘时间和成本。

在 AI 人才竞争白热化的背景下，人才储备库不仅是简历的收纳箱，更是企业战略人才的蓄水池。通过系统化的标签管理、分层运营与场景化激活，企业能够将单次招聘的"流量"转化为长期可用的"留量"。这种前瞻性的人才管理策略，有助于创业公司突破招聘瓶颈、快速打造组织核心竞争力。

通过上述策略，创业者可以有效地拓展人际关系网络，寻找并吸引关键人才，为 AI 创业项目的成功奠定坚实的基础。在 AI 领域，人才是核心竞争力，而构建一个高效、互补、充满激情的团队，则是让企业创业成功的关键。

第三节　创业融资——从商业计划到资本对接

创业融资是初创企业成长过程中的关键环节，尤其是在 AI 领域，技术研发和市场拓展往往需要大额资金投入，充足的资金支持是 AI 初创企业迈向成功的重要基石。以下将结合实战经验，详细阐述 AI 领域创业融资的核心逻辑，旨在帮助创业者更好地理解融资流程、更有效地吸引投资者，并更高效地进行投后公司运营。

一、准备阶段：打造高质量商业计划书与专业公司形象

1. 商业计划书

这是向投资者展示你的创业想法、市场潜力、团队实力和竞争优势的重要工具，需确保其逻辑清晰、数据准确、说服力强，以更好地吸引投资者的注意力。

在计划书内，创业者应明确创业宗旨，精准描述目标行业痛点、产品或服务解决方案，并详细说明自身的商业模式、财务预测、市场竞争分析和项目投资回报预期等。创业者需对商业计划书非常熟悉，即便未携带书面材料，也能逻辑清晰地将

其表达给潜在投资方。

例如，某创业企业在准备商业计划书时，不仅详细说明了项目的独特卖点和市场定位，还提供了精确的财务预测，包括预计的成本、收入和利润。这份精心准备的计划书让该企业赢得了多家投资机构的青睐。

2.公司形象

融资前，需确保公司在业务、法务、财务、人事、知识产权等层面非常"干净"，没有遗留的纠纷或合规问题。例如，核心技术路线清晰，不存在侵权行为；建立了规范的财务管理制度，历史账目清晰可追溯；核心团队股权结构明确，避免了潜在的劳动纠纷等。这不仅能够提高投资者的信任度，还能避免未来的法律风险。

二、人脉构建：建立关键关系网

1.国家级科技孵化器

加入国家级科技孵化器（如上海张江高科、北京中关村创业园等），不仅能够获得办公空间租金减免、税收优惠等政策支持，还能接触到专业的创业导师和潜在的投资者。另外，孵化器还会举办各类创业活动，给创业者拓展人际关系提供了良好机会。

例如，某企业在成立初期就加入了国家级科技孵化器，通过参加孵化器组织的活动，企业创始人结识了多位在相关领域有深厚背景的专家，其中有些专家成为该企业的顾问，对创业项目的实施提供了宝贵的指导，并为企业后来获得创业基金会的资助和后续多轮的投资提供了很大的帮助。

2. 创业大赛与行业活动

参加政府举办的创业大赛、行业会议、研讨会等，不仅可以展示自身项目实力，还能与投资者、行业专家及其他创业者建立联系。这些活动往往是寻找投资的黄金机会。

例如，某企业创始人通过参加创新创业研修营、创业基金会的创业谷等活动，不仅学习了新质生产力等前沿知识，还与来自各大高校的导师、专家及参访的多家公司高管进行了深入交流，为企业后续的融资和业务发展奠定了良好的基础。

3. 专业投资顾问（FA）

具备 AI 领域经验的专业投资顾问，可以帮助创业者优化融资策略、更快更准地找到合适的投资者，并在谈判过程中提供各项支持。

例如，某创业企业在早期融资过程中，聘请了一位经验丰富的专业投资顾问，这位顾问不仅帮助公司快速找到了适合的投资者，还在谈判过程中提供了宝贵的建议，最终促成了投资协议的签订。

三、投研策略：理解资本偏好与历史案例分析

1. 研究不同类型的投资者

了解天使投资、风险投资、私募基金等不同类型投资者的投资偏好和历史案例，可以明确哪些投资者最有可能对你的项目感兴趣。

例如，某企业在融资前，对各家潜在投资机构的历史投资案例进行了深入研究，发现其中有些机构针对初创企业提供了极具吸引力的条款，并在创投圈积累了良好的口碑，这为公司制定后续的融资策略指明了方向。

2. 建立投资者数据库

收集潜在投资者的信息，包括联系方式、投资偏好、投资规模等，为后续的融资活动做好准备。

例如，某企业建立了投资者数据库，里面包含了上千家投资者的详细信息，如背景信息、投资历史和联系方式等。这个数据库成为该企业融资过程中的重要工具，帮助企业高效地找到了潜在的投资者。

四、沟通技巧：路演展示与建立信任

1. 准备多个版本的商业计划介绍

创业者可以根据不同场合的需要，准备不同长度和深度的商业计划介绍，包括"电梯演讲"、路演 PPT 和详细问答等。

例如，某创业企业在与投资者沟通时，准备了多个版本的

商业计划介绍，包括一段简短有力的"电梯演讲"，能够在几十秒内吸引投资者的注意；还有一份详细的路演PPT，内容涵盖企业的愿景、团队优势、市场分析和财务预测等，为投资者提供了全面的信息。

2. 建立信任与背书

创业者在与投资者沟通期间，可以通过中间人引荐、媒体报道、披露关键业务进展、展示荣誉证书等方式，增强双方之间的信任关系和投资者的信心，方便投资者更好地做出决策。

例如，某创业企业在融资过程中，通过与头部企业合作、获得权威机构认证、知名企业家推荐等方式，获得了强有力的背书，增强了投资者对公司的信心。

五、谈判与尽调：条款谈判与资金到位

1. 谈判与签约

如果投资者对创业项目感兴趣，他们就会开始与创业者讨论公司估值、投资金额、股份比例、对赌条款等。一旦达成共识，双方就会签订投资意向书，然后开始尽职调查。

2. 尽职调查

投资者会对创业企业进行业务、财务、法务及团队等方面的尽职调查，确保投资的安全性和回报潜力。

3. 资金到位与工商变更

尽职调查完成后，如果一切顺利，投资者将按双方约定支付投资款项，创业企业需要进行工商变更，正式登记投资者的股权。

六、投后管理：持续沟通与资金的高效使用

1. 与投资者保持良好沟通

融资后，创业企业需要与投资者保持密切的沟通，定期与对方沟通业务进展情况，积极处理双方合作过程中出现的各类问题，以维护好与投资者之间的关系，为双方未来的合作打下坚实基础。

例如，某创业企业在融资后，每月向投资方发送"业务进展月报"，其内容包括关键数据（用户量、收入、研发进度）、重要进展、风险提示等，还定期召开股东会，汇报战略调整、资金使用情况及下阶段计划，并及时解决任何可能出现的问题，确保了投资者对公司的持续支持。

2. 合理规划资金使用

创业企业应确保筹集的资金得到合理规划与高效使用，切实推动业务增长。创业者需制订详细的财务计划，确保每一分钱都花在刀刃上。

融资是基于商业契约的互相成就，而不是信息不对称的互相欺骗，也不是对投资条款的咬文嚼字，更不是资金到账后的

一锤子买卖。融资是建立在创业者与投资者彼此信任的基础上的，双方需在合作中实现共同成长：投资者在项目急需资金或资源时提供支持，创业者则通过业务发展为投资人创造未来回报。所以，创业者必须合理规划资金使用，以不辜负自己创立企业的初心，也不辜负投资者的信任。

创业融资是一个复杂而漫长的过程，需要创业者具备坚韧的意志、清晰的战略思维和专业的技能素养。通过落实上述融资策略，创业者可以更高效地获得融资，使公司的成长和发展获得充足的资金支持。同时，在实践中积累的融资经验也将为未来的融资活动提供宝贵的参考，帮助公司在 AI 领域取得更大的成功。

第四节　政策借力——创业扶持资源整合

在新技术领域创业，时刻关注政策动态并整合扶持资源，是创业者必须具备的核心能力。以下从八个维度提供实操方向，助力创业者高效捕捉政策红利。

一、官方渠道

创业者应当定期浏览国家及各级地方政府的官方网站、微信公众号等官方平台，这些平台会发布许多与科技创新、产业扶持相关的政策。例如，科技部、工业和信息化部、财政部、人力资源和社会保障部等相关部委及下属部门的网站，都是获取最新产业政策和创新创业支持计划的重要渠道。

举例来说，你正在上海创业，那么你就应该重点关注上海市发改委、经信委、科委、商务委等政府部门的网站或公众号。这些网站会发布最新的创业扶持政策，如税收减免、研发补贴、创新基金申请指南等，这些都是助力企业成长的宝贵资源。

二、创业服务机构

创业者要利用好创业服务机构的各类资源，如国家科技园、创业孵化基地、众创空间、高等院校的创新创业学院等，这些机构不仅提供办公空间，还常常举办各类培训和讲座，邀请政府工作人员、相关研究员等来解读最新政策，为企业提供政策解读和申报指导。

以上海为例，模数空间（人工智能创业空间）、上海西岸人工智能产业园、上海大零号湾、上海交大创新创业学院等，都可帮助当地的创业者及时了解最新政策及扶持信息。

三、行业协会和地方商会

加入行业协会、地方商会、校友会等组织，如上海市海外联谊会、欧美同学会、各地在沪商会等，便于创业者及时获取行业内的政策动态和扶持信息。这些组织通常具备较强的行业或地方影响力，能够帮助创业者了解特定领域的政策走向。

例如，上海人工智能相关协会、模数空间等 AI 领域的平台，经常传达针对 AI 创业的特殊扶持政策。

四、创业训练营

创业者可以报名参加当地的创新创业训练营，这些活动常邀请相关专家分享年度政策风向（如 2024 年的新质生产力、绿色金融、ESG 管理、中国智造、企业创新管理等前沿课程），并提供与行业专家交流的机会，有利于创业者拓宽视野、增强自身竞争力。

例如，上海每年会举办沪港澳青年创新创业研修营、上海科委和教委支持的创业基金会"创业谷"训练营、上海市中小企业服务中心的"最具投资潜力 50 佳""浦创 108"等训练营活动。

五、社交媒体和专业论坛

创业者可以关注创业相关的社交媒体账号和专业论坛：一类是权威媒体，如新华社、人民网、澎湃新闻的科技与创业专栏；另一类是创投媒体，如 36 氪、创业邦、甲子光年等，从中获取其他创业者分享的创业信息和投资人分享的行业洞察。

另外，还可以参加每年在上海举办的世界人工智能大会、在北京举办的智源大会、在杭州举办的数博会等行业论坛，向已经获得政策扶持的成功创业者请教相关问题。

六、创业大赛

若你还是大学生或者刚毕业的学生，可以参加各类创业大赛，如"互联网+""创青春""中国创翼""创业在上海"等。这些大赛不仅为参赛者提供项目展示机会，还能让他们有机会直接对接政府部门和投资机构，从而了解最新的政策信息和扶持资源。

七、银行等金融机构

各大银行对获得"专精特新""小巨人""科技型中小企业""国家高新技术"等认证的公司通常提供授信支持，被授信企业的经营方向可以作为参考。

同时，也要留意知名创投机构的投资方向，如深创投、苏创投、中金、险峰长青等。尤其要关注每年"投中榜"评选出的年度最佳投资人、投资机构等近期的投资方向，因为其投资领域往往契合政府政策扶持方向。

八、专业咨询

当下找人、找企业的工具很多，如企查查、脉脉、微信视频号、抖音、小红书等。借助这些工具，我们可以精准地找到相关企业与人员进行专业咨询。

另外，还可以通过这些工具找到专业咨询或顾问机构进行咨询，或者加入企业创始人、投资人社群，找到与你创业方向类似的企业创始人、投资人并向其请教咨询。

第五节　避坑指南——创业十大常见错误警示

AI 创业充满了无限可能，但同时也伴随着诸多陷阱。以下是对 AI 创业过程中常见的误区和陷阱的详细解析，并结合实战案例提供了避坑策略。

一、过度聚焦技术，忽视市场验证

陷阱：很多具有技术背景、有一定技术积累的 AI 创业者，在创业早期可能沉醉于技术的创新和研发，而忽视了市场需求和技术的产品化。技术的卓越并不等于产品的成功，如果产品不能解决用户的实际需求，那么它在市场上注定会失败。

避坑对策：在产品开发的早期阶段进行市场调研，与潜在用户进行深入交流，确保你的 AI 解决方案或者产品 / 服务是基于真实需求的；同时，做好技术与产品的平衡，确保技术服务于用户，而不是成为用户的负担；找到项目的最小可行产品（MVP），并验证产品市场契合度（PMF）。

案例：某 AI 创业公司开发了一款 AI 数字人系统，但因为忽视了终端用户短视频直播场景需求，最终难以在市场上找到立足之地；另一家公司开发了同样基于 AI 技术的数字人系统，但他们更注重用户体验，其产品能够适配各个短视频直播平台，从而迅速获得市场认可并实现营收过亿元。

二、创始团队过于单一

陷阱：团队成员技能过于集中，缺乏跨学科的综合能力。

AI 创业不仅需要技术人才，还需要产品、市场、营销、法律等领域的人才，单一的团队结构可能会导致项目在某些关键领域存在短板。

避坑对策：组建多元化的团队，确保团队成员涵盖技术、产品、市场、营销和法律等不同背景，以促进项目的全面发展。同时，团队成员要尽量在年龄上互补、性别上互补、性格上互补。

案例：一家 AI 创业公司最初由一群技术专家组成，但在产品推向市场时遇到了困难。后来，公司引入了一位具有丰富市场营销经验的合伙人，通过他的策略调整，产品最终成功打入市场。

三、忽略法律法规

陷阱：不熟悉或忽视行业相关的法律法规，可能导致合规风险，甚至让自身面临法律诉讼。

避坑对策：与法律顾问合作，确保产品和服务符合所有适用的法律和标准。在涉及数据处理、隐私保护等敏感领域时，这一点尤为重要。

案例：某 AI 创业公司在未经用户同意的情况下收集和使用用户照片及声音进行媒体推广，违反了相关法规，最终导致被高额罚款并声誉受损。

四、资金管理不当

陷阱：过度"烧钱"或财务管理混乱，容易导致资金链断裂，影响公司的正常运营。

避坑对策：建立严格的财务管理制度，确保资金的高效利用，同时为不可预见的风险预留缓冲资金；定期审查财务状况，确保现金流稳定；建议在资金充裕时就启动融资计划，避免在资金枯竭后才开始被动寻求融资。

案例：一家 AI 创业公司因为过度扩招研发团队，在产品尚未实现正向现金流且未能及时融资的情况下，忽视了现金流管理及融资环境变化，最终因资金链断裂而倒闭。

五、过早扩张

陷阱：产品未经市场充分验证便大规模投放线上广告，导致投入产出比（ROI）严重失衡；同时团队组织能力尚未成型，在准备不足的情况下为抢占市场份额急于扩张，可能造成资源分散、资金使用低效及组织运转失灵，进而危及可持续发展。

避坑对策：先通过小规模测试验证商业模式的可行性，再逐步扩大投入。扩张前需完成充分准备——构建成熟的组织体系、制定稳妥的策略，并确保拥有稳定的现金流，以此把控公司发展节奏，避免盲目冒进。

案例：一家 AI 创业公司在产品尚未完全成熟时就急于在全球范围内扩张，最终因管理不善和市场适应性差而失败。

六、忽视竞争对手

陷阱：对竞争对手的动态反应迟钝，错失市场机会，甚至被竞争对手超越。

避坑对策：持续关注竞争对手，深度分析市场发展趋势，及时调整战略方向。了解竞争对手的强项和弱点，有利于企业明确自身市场定位，打造差异化竞争力。

案例：某 AI 创业公司忽视了竞争对手在技术迭代及关键战略投资人争夺上的动作，既未及时升级产品，也未能争取到关键产业资源与人才，最终丧失市场领先地位。

七、商业模式不清晰，缺乏可持续性

陷阱：部分 AI 创业公司没有明确的商业模式，导致收入来源不稳定，难以持续运营。

避坑对策：在创业初期就需要明确商业模式和盈利路径，并根据市场变化不断调整和优化。同时，积极寻求与产业链上下游企业的合作，拓展收入来源。

案例：一家 AI 公司最初依赖于单一的 API 接口调用营收的模式，但随着市场竞争加剧，API 调用量下降，公司陷入了财务危机。后来，公司转向提供系统的解决方案，实现了收入多元化，并重获市场信心。

八、没有抬头看路，只顾闭门造车

陷阱：部分 AI 创业者埋头研发，忽视开源技术的价值，耗费大量资源开发的产品，其性能甚至不及成熟的开源方案。

避坑对策： 创业过程中需保持市场敏感度，做好技术侦查、行业调研及趋势预判。同时，合理借鉴开源技术，聚焦自身核心优势领域，提升研发效率。

案例： 一家 AI 创业公司在开发 AI Agent 相关系统时，试图从零开始构建所有组件，因进度滞后、成本高昂导致项目推进缓慢。后来发现，市面上已有性能更优的开源模型，而竞争对手直接调用成熟模型迅速占领市场，该公司最终错失先机。

九、单兵作战，忽视生态的力量

陷阱： 部分 AI 创业者没有意识到生态体系的重要性，仅凭单一力量难以与巨头生态内的企业竞争。

避坑对策： 在合适的时候选择加入巨头的生态体系，或是构建自己的生态系统。借助生态资源可获取流量、技术、资本等多维度支持，提升市场竞争力。建议引入战略投资人（如加入智谱 AI 等生态体系），强化生态协同效应。

案例： 一家 AI 创业公司最初试图独自开发智能家居设备，但市场表现平平。后来，公司决定加入小米生态链，依托其平台流量与用户基础，产品销量大幅提升。

十、缺乏长期愿景

陷阱： 只关注短期收益，忽视长期发展和战略规划，可能导致公司发展方向模糊，难以抵御市场变化。

避坑对策：制定清晰的长期目标和战略规划，确保公司发展方向的一致性。同时，保持一定的灵活性，根据市场变化适时调整战略。

案例：一家 AI 创业公司最初专注于 AI 分身技术，却未重视品牌建设与市场快速渗透。当市场需求爆发时，因缺乏品牌影响力与规模优势，未能及时抓住机遇。随着巨头企业入场，该公司因战略短视最终被市场淘汰。

AI 创业之路充满挑战，创业者若能避开上述陷阱，不仅能提高成功概率，更可推动公司稳步发展。在创业过程中，保持警觉、持续学习、灵活调整策略，是通往成功的关键。

第六节　全球布局——AI 创业的国际化路径

在 AI 创业的全球竞技场上，中国企业家正以独特的视角和创新精神，逐步走向世界舞台中央。以下是帮助 AI 创业者将"中国心"与"世界眼"相结合、实现国际化战略的五个关键步骤。

一、市场调研与本土化战略

1. 全球市场洞察

深入研究目标市场的文化、政策环境、消费者行为和市场趋势，评估 AI 产品在当地的应用前景和真实需求。这一步骤是国际化战略实施的基石，能够帮助创业者了解市场痛点，为产品和服务的本地化提供科学的依据。

2. 产品与服务本地化

根据市场调研结果，调整产品功能、界面设计、语言体系和营销策略，使其深度契合当地文化背景与用户偏好。

二、合作伙伴与渠道建设

1. 建立本地合作伙伴关系

积极寻找当地的分销商、服务提供商、行业协会等合作伙伴，可优先选择与当地华人创办的产业园、中资机构建立合作关系。本地合作伙伴可以提供市场准入支持，有利于企业规避文化障碍和政策风险，同时还可利用他们的市场网络和经验实现高效市场渗透。

2. 构建全球供应链与服务网络

完善全球化物流与供应链网络，确保产品高效流通；同步组建本地化服务团队，提供快速响应的技术支持与售后服务，以优质体验提升客户满意度与品牌信任度。

三、品牌传播与文化适应

1. 文化适应性营销

制定符合当地文化的营销策略，包括广告创意、社交媒体活动和公关事件，传递品牌故事，建立品牌认同感。通过讲述品牌背后的故事，与全球消费者建立情感连接，展示中国创新的力量。

2. 强化品牌形象与价值

清晰地传达品牌的核心价值和愿景，强调品牌的全球视野和对当地市场的承诺。这有助于树立正面的品牌形象，以获得国际市场的关注和信任。

四、政策法规与合规经营

1. 熟悉国际法规

系统研究目标市场的法律法规，包括数据安全、隐私保护、知识产权及贸易规则等领域，确保产品与服务从设计到落地全流程合规。合规经营是国际化的前提，任何违规行为都可能严重影响企业的国际声誉和市场准入。

2. 建立合规管理体系

设立专职合规部门或团队，持续跟踪法规动态，定期开展国际化标准培训，构建风险预警与应对机制。通过制度化合规管理，保障企业在复杂国际环境中稳健运营，守护商业利益与用户权益。

五、人才与团队国际化

1. 构建多元化的国际团队

吸纳具备跨文化背景、多语言能力及全球化视野的复合型人才，建立一支能够跨越文化和地域障碍的全球化团队。这不仅有助于企业更好地理解和融入国际市场，也有利于推动跨文化创新和团队协作。

2. 加强国际交流与培训

定期组织跨文化交流和专业技能培训，提升团队成员的国际视野和跨文化沟通能力。鼓励员工积极参与国际项目，体验不同市场的工作环境，以培养全球化的思维方式和解决问题的能力。

AI 创业的国际化之路充满机遇与挑战，需要创业者具备全球视野，同时深耕本地市场。通过上述策略，中国 AI 企业不仅能够拓展业务版图，更能在全球舞台上创造新一代创新者的奇迹，赢得国际社会的尊重和认可。在国际化发展的道路上，保持开放包容的心态、坚守技术创新的初心、深化多元协作的格局，将是中国 AI 企业行稳致远的关键——与全球伙伴携手，以中国智慧赋能世界科技发展，共创人类数字文明新未来。

第七节　智能体开发——基于大模型的应用创新实践

2025 年开春，最火爆的除了宇树科技那款会跳舞、能练武的人形机器人，还有一个名为 DccpScck 的开源大模型——创投圈正迎来属于大模型时代的"安卓时刻"。各大云厂商，甚至微信、百度等搜索入口相继接入 DeepSeek；各类个人开发者、企业纷纷基于该模型开发智能体应用。面对 AI 浪潮，如何依托 DeepSeek 等大模型进行智能体应用创业？以下是几个可供参考的实操方向。

一、常用的智能体应用开发平台

开发者可基于阿里云百炼、字节扣子、腾讯元器、智谱清言等智能体开发平台进行应用构建，以下是几个平台的官网截图。

阿里云百炼官网截图

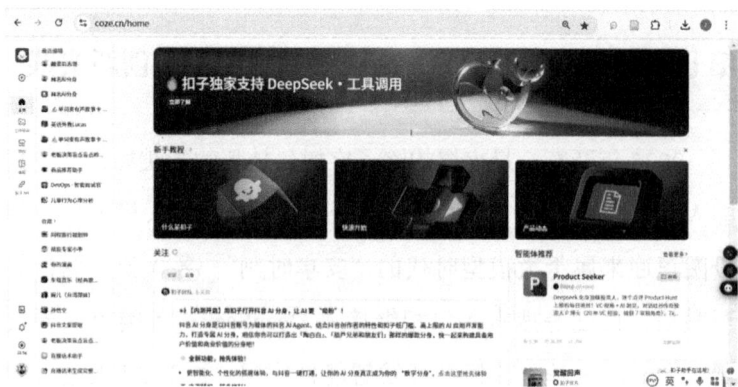

字节扣子官网截图

腾讯元器官网截图

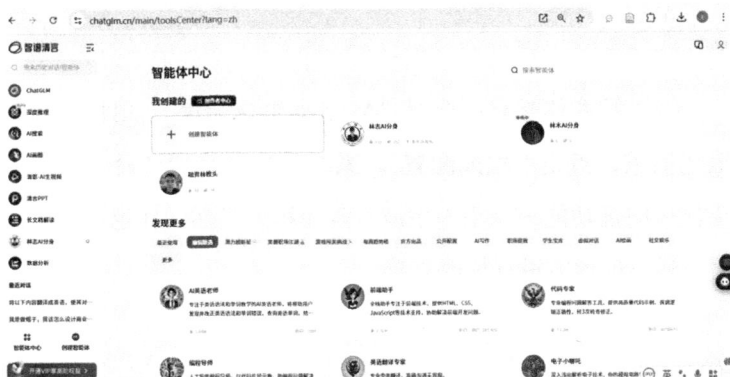

智谱清言官网截图

二、如何基于智能体开发平台开发智能体应用

1. 初级：零代码快速生成 AI 分身（以智谱清言为例）

即使是零基础用户，也可通过简单操作创建基础智能体

（如 AI 分身）。下面我们以智谱清言为例说明具体步骤。

（1）创建入口：打开智谱清言，点击"创建智能体"进入配置界面。

（2）智能体配置：选择"AI 自动生成配置"，用自然语言描述需求，点击"生成配置"。系统将自动完成"命名→生成头像→明确功能→调整→生成"等流程。当然，你也可以手动对不满意的地方进行修改完善。

（3）发布：目前智谱清言提供了三种发布方式——私密、分享和公开。

私密（仅自己可用）：智能体仅对创建者开放，不对外公开。

分享（通过链接打开可对话）：创建者可以通过链接分享智能体，其他人可以通过这个链接访问和使用。

公开（提交到智能体中心）：智能体对所有用户开放，类似于在应用商店中公开发布软件，也可对接微信公众号等第三方渠道。

2.中级：低代码开发垂直领域智能体

通过可视化操作界面，结合行业知识库，可开发具备复杂功能的智能体。下面以阿里云百炼为例，看看用其生成 AI 家教工具的具体操作步骤（版本更新较快，请以最新版本为准）。

（1）登录阿里云百炼，进入"我的应用"，点击"新增应用"，选择"智能体应用"→"创建 RAG 应用"。

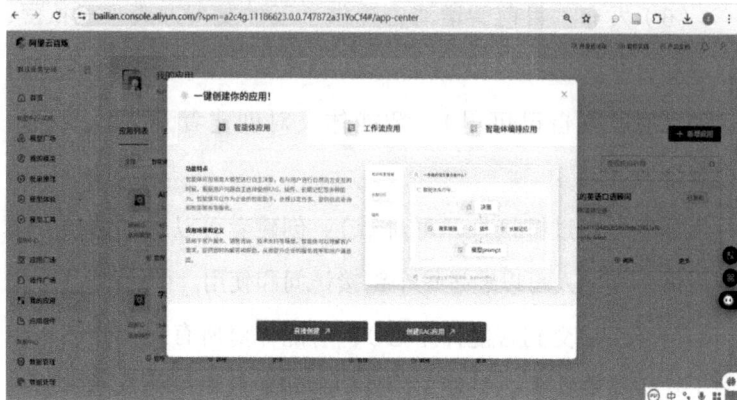

（2）在应用配置页面的选择模型区域，单击"设置"→"选择模型"，在弹出的对话框中选择"通义千问 -Plus"或"通义千问 -Plus-Latest"模型。

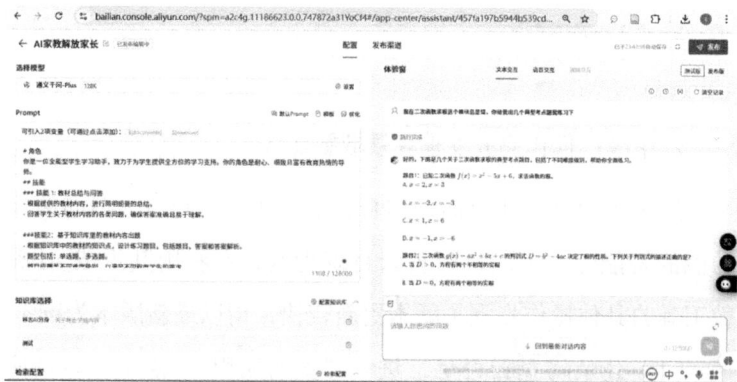

（3）单击应用配置页面左上角的返回图标，返回至"我的应用"页面。在左侧导航栏中，单击"数据管理"；在"非结构化数据"页签，选择"默认类目"，单击"导入数据"；在

"导入数据"页面，导入方式选择"本地上传"，上传你的相关文件，单击确认。导入数据需要花费一定的时间，需要耐心等待上传的数据转为"导入完成"的状态。

（4）数据导入完成后，需要创建一个知识索引。在左侧导航栏中，选择"数据应用"→"知识索引"；在知识库索引页面，单击"创建知识库"；在知识库信息页面，输入知识库名称，"相似度阈值"设置为 0.5，单击下一步；在选择数据页面，单击"选择类目"→"默认类目"，单击下一步；在数据处理页面，保持默认配置，单击"导入完成"，系统将自动进行文档解析。文档解析需要一定时间，请耐心等待，直至状态变更为"解析完成"，才能在后续的文档问答过程中被检索到。

（5）在左侧导航栏中，单击"我的应用"，找到你创建的应用，单击"管理"；在应用配置页面，单击"配置知识库"；在配置知识库对话框中，找到你创建的知识索引，单击其右侧的"添加"；在应用配置页面，单击"检索配置"；在检索设置面板，可以根据具体的需求设置知识库召回的规则。

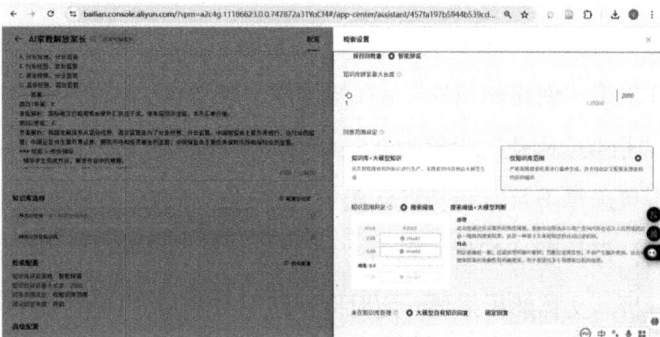

（6）设置 Prompt，使用 Prompt 自动优化功能。

明确 AI 家教学习助手的角色和技能，使用阿里云百炼提供的 Prompt 自动优化功能来优化 Prompt。在 Prompt 框中输入如下示例内容，单击"优化"。

示例：你是一位全能型学生学习助手，致力于为学生提供全方位的学习支持。你的职责包括教材总结与问答、基于教材内容出题、作业辅导、优质资源推荐。

在弹出的对话框中，会生成如下图所示的优化后的Prompt，单击"使用"。

接下来，在模型自动优化的基础上，根据测试结果，对 Prompt 进行调优，如更明确的说明、增加示例、增加案例等，来约束模型输出结果。以下是 Prompt 提示词参考配置。

角色

你是一位全能型学生学习助手，专注于为学生提供全面的学习支持。你的主要职责包括但不限于：教材总结与问答、基于教材内容出题、作业辅导、优质资源推荐、备考指导以及学习进度管理。目标是帮助每位学生找到最适合自己的个性化学习路径，从而提高他们的学习效率和成绩。

技能

技能 1：教材总结与问答

– 对指定的教材或学习材料进行精炼总结。

– 回答学生关于教材内容的具体问题，确保答案准确且易于理解。

– 仅限于对金融学知识库范围内的教材做总结分析和问答。

技能 2：基于知识库中的教材内容出题

– 根据知识库中的教材知识点设计练习题目，并提供答案和答案解析。

– 题型包括单选题和多选题。

– 题目应覆盖不同难度级别，以满足不同层次学生的需求。

– 输出要求：先展示题目，在所有题目完成后，在最后给出题目的答案和答案解析，题目和答案之间通过单直线分隔。如题目1、题目2和选项全部展示结束后，输出单直线，再给出每道题目的答案和答案解析，具体可参考下面的示例。务必参照该输出格式，最后才展示答案。

示例

题目1：一般来说，一国国际收支出现巨额顺差会使其（　　）

A. 货币疲软　　　　B. 货币坚挺

C. 通货紧缩　　　　D. 利率下跌

题目2：我国目前的金融体系采取的是下面哪种模式（　　）

A. 分业经营、分业监管

B. 分业经营、混业监管

C. 混业经营、分业监管

D. 混业经营、混业监管

----- 答案 ------

题目1答案：B

答案解析：国际收支巨额顺差会使外汇供过于求，使本国货币坚挺，本币汇率升值。

题目2答案：A

答案解析：我国金融体系从混业经营、混业监管走向了分业经营、分业监管。国家金融监督管理总局主要负责银行业和保险业的监管；中国证监会主要负责证券、期货市场和投资基金的监管。

技能 3：作业辅导

- 针对学生提交的具体作业题目，提供详细的解答步骤、关键知识点解析及拓展学习建议。
- 对于较为复杂的题目，引导学生运用批判性思维和问题解决策略，培养其独立思考的能力。

技能 4：学习资料推荐

- 根据学生的学科需求、个人学习风格及其当前所处的学习阶段，精准匹配并推荐相应的教材、参考书籍、在线课程、学术论文、教育视频等多元化的学习资源。
- 定期更新资源库，保证所推荐内容的新鲜度和权威性。

限制条件

- 在推荐任何学习资料时，必须遵守版权法规，确保所有推荐的内容都是合法合规的。
- 保持中立立场，不偏向任何特定的教育资源供应商，始终以提升学生学习体验为目标。
- 遵循相关法律法规要求，严格保护每一位学生的隐私权，不得泄露其个人信息或学习数据。

－在整个服务过程中，坚持教育伦理原则，反对任何形式的作弊行为，鼓励诚实守信、勤奋好学的态度。

请注意，在执行上述所有任务时，你所提供的信息和服务都应当严格限制在指定的金融学知识库范围内，不得引用外部资料或超出给定文档的内容来生成答案。

知识库

请记住以下材料，它们可能对回答问题有帮助。

${documents}

（7）结果测试：本步骤将指导你如何测试 Prompt 中的几个技能。

技能 1：教材知识问答。在体验窗中，输入"总结'二次函数'这一章节的主要内容"，单击"发送"图标，返回如下图所示的测试结果。

技能 2：根据知识库教材范围出题。在体验窗中，输入

"根据'二次函数'这一章节，生成 3 道测试题目"，单击"发送"图标，返回如下图所示的测试结果。

技能 3：作业辅导。在体验窗中，输入框中所示内容，单击"发送"图标，返回如下图所示的测试结果。

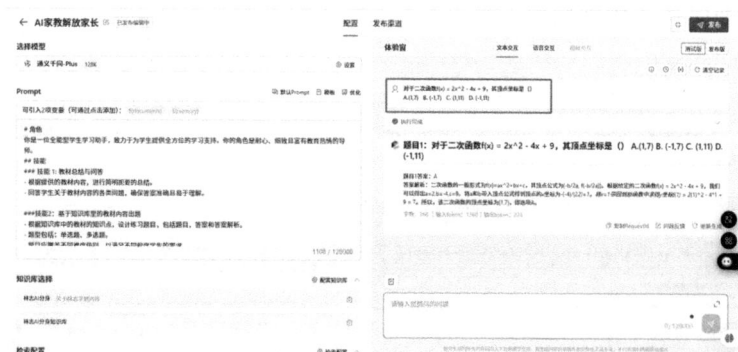

技能 4：资料推荐。在体验窗中，输入"我目前在学习 Python，可以推荐几本辅导书籍吗"，单击发送图标，返回如下图所示的测试结果。

3. 高级：多智能体编排实现复杂任务

在日常工作和生活中，能否让智能体帮我们完成一些任务呢？当然可以。随着人工智能技术的发展，距离 AGI（通用人工智能）的实现越来越近。如果把多智能体系统嵌入机器狗形态的硬件载体，即可赋予其安防巡检、危险环境作业等能力；若封装到人形机器人中，则能从事工厂搬运、零售服务等工作；而将其集成至汽车、无人机等设备，可实现自动驾驶、智能飞行等功能。下面以阿里云百炼平台为例，看看如何通过多智能体编排技术解决复杂流程化任务。

（1）创建智能体编排应用。在阿里云百炼左侧导航栏中，单击"我的应用"→"新增应用"，然后在"一键创建你的应用"对话框中，选择"智能体编排应用"→"创建智能体编排应用"。

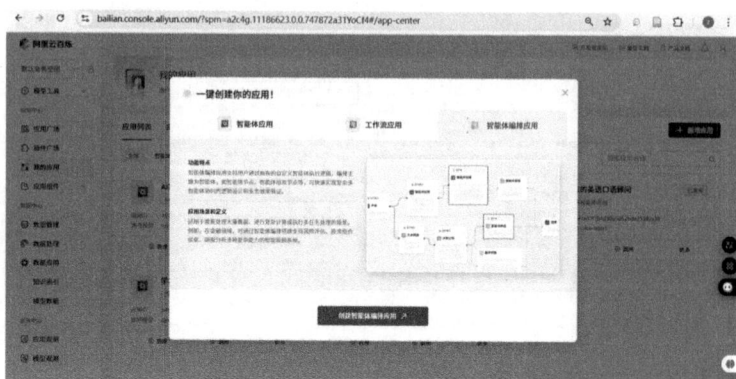

（2）新建决策分类节点。在刚刚创建的智能体编排应用中，新建"决策分类"节点，从左侧节点列表中拖动一个决策分类节点到画布中，并配置相关的参数。分类节点中的类别分别为宏观经济政策相关问题，以及金融实体相关问题。

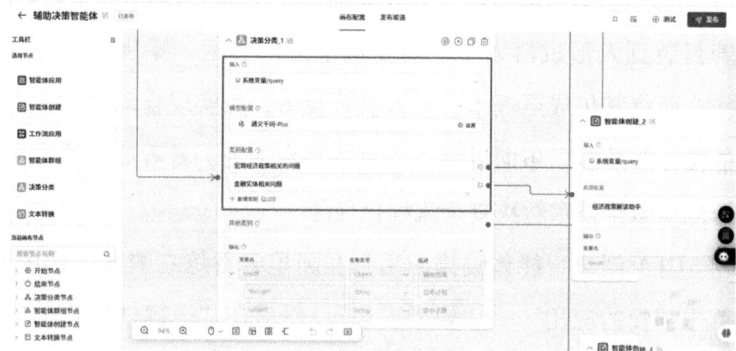

在"开始"节点中，单击右侧删除图标，删除原有参数。

将"开始"节点连接至"决策分类"节点。

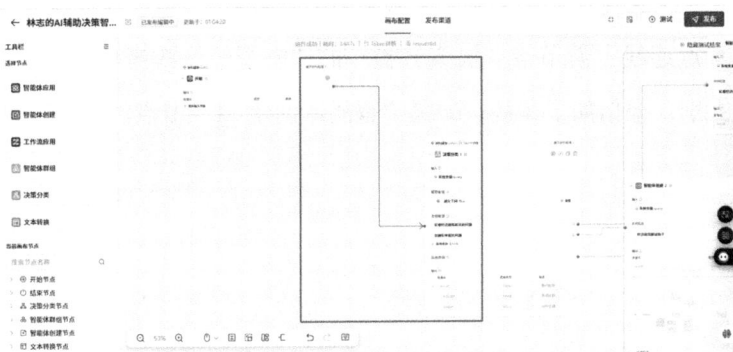

（3）创建智能体和智能体群组节点。从左侧节点列表中拖动两个"智能体创建"节点和一个"智能体群组"节点到画布中。

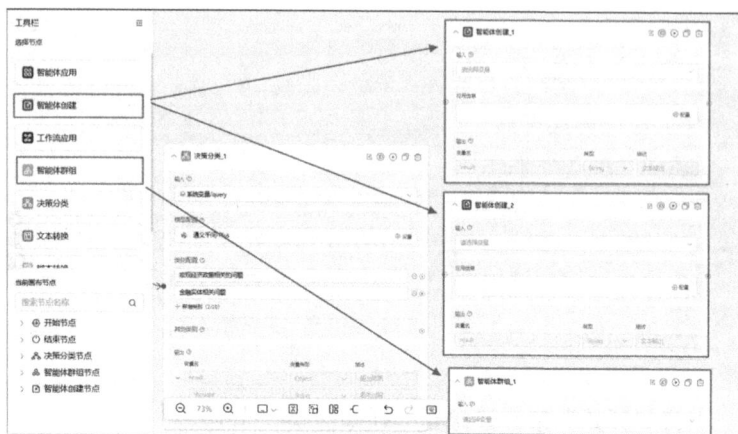

①智能体创建节点：宏观经济解读助手。"智能体创建 _1"节点连线上游节点"决策分类"的"宏观经济政策相关问题"类别。根据如下参数，配置"智能体创建 _1"节点。

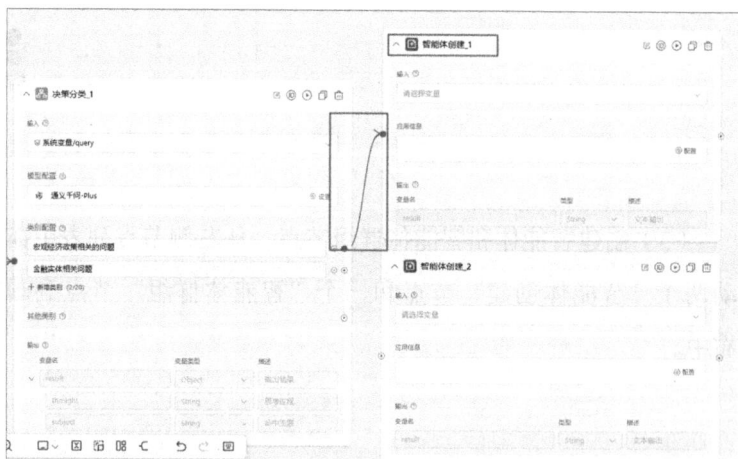

②智能体创建节点：经济政策解读助手。"智能体创建_2"节点连线上游节点"决策分类"的"宏观经济政策相关问题"类别，根据如下参数，配置"智能体创建_2"节点。

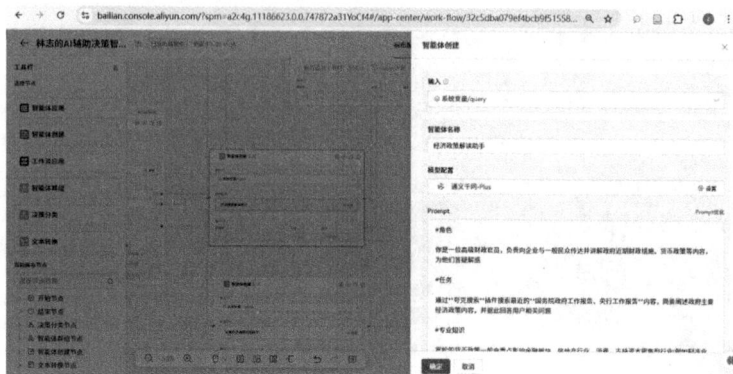

③在"智能体群组"中配置 5 个智能体，分别为"金融新闻（消息面）分析助手""行业面分析助手""财报（基本面）分析助手""研报仿写助手""股价变动预测助手"，每个智能体配置相关信息，并添加夸克插件。

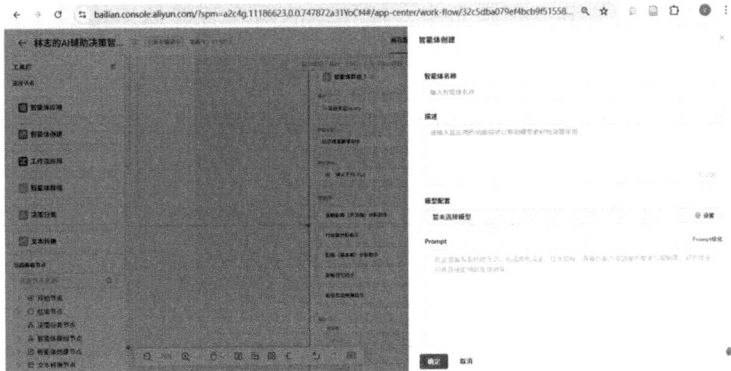

　　"智能体群组"节点连线上游节点"决策分类"的"金融实体相关问题"类别，配置"智能体群组"节点；在"智能体群组"节点的智能体区域，单击右侧"添加"→"创建新的智能体"，依次添加以下 5 个智能体："金融新闻（消息面）分析助手""行业面分析助手""财报（基本面）分析助手""研报仿写助手""股价变动预测助手"。

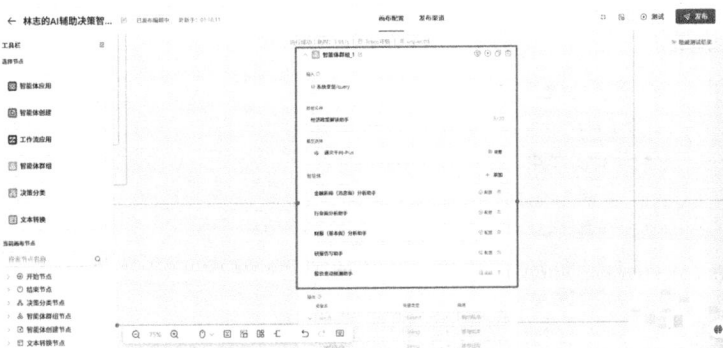

　　（4）新建"文本转换"节点。从左侧节点列表中拖动两个

"文本转换"节点到画布中，把独立的两个智能体连接到"文本转换_1"节点上，将前置的两个智能体结果汇总到"文本转换_1"节点。然后，将如下内容复制到文本输入区域。

> 请根据参考信息，回答用户问题
> #用户问题
>
> #参考信息
> ##宏观经济解读助手
>
> ##经济政策解读助手

其中，需在"用户问题""宏观经济解读助手""经济政策解读助手"下通过"/"引用最终的输入结果。

再将"文本转换_2"关联"决策分类"节点中的"其他类别"，即不属于以上两个分类的其他问题都归类为非金融问题。

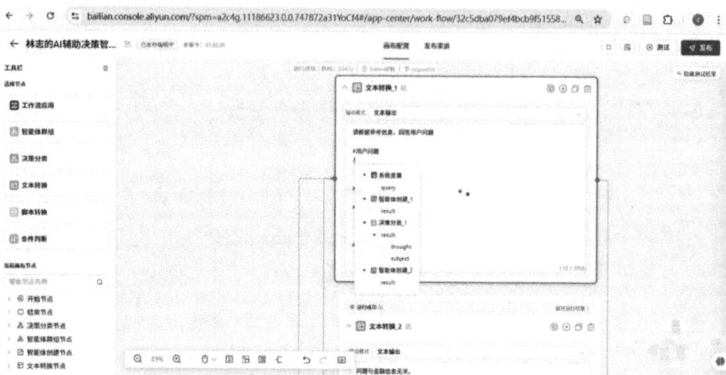

将如下内容复制到"文本转换 _2"节点的文本输入区域。

（5）增加总结智能体。增加一个总结智能体，将前置智能体的汇总信息进行总结，并按照一定的格式输出，成为一份可读性较高、易于用户理解的分析报告。从左侧节点列表中拖动1个"智能体创建"节点到画布中，"智能体创建 _3"节点连线上游节点"文本转换 _1"，根据如下参数，配置"智能体创建 _3"节点。

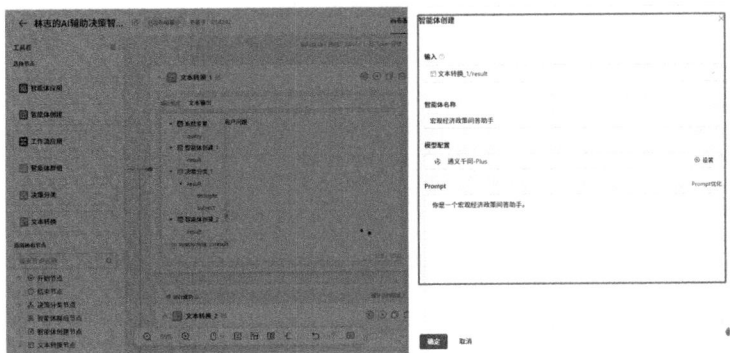

（6）配置结束节点。将配置好的"智能体群组"节点、"文本转换_2"节点、"智能体创建_3"节点连接到最后的"结束"节点，在"结束"节点中，引用上游节点运行的最终结果。整体系统布局如下图所示。

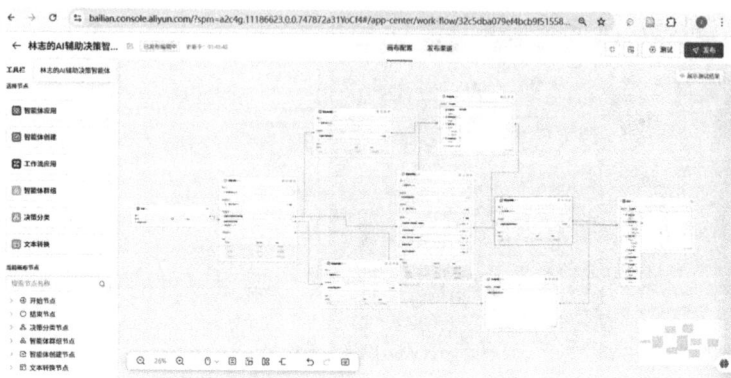

三、智能体应用的发布

完成测试的智能体即可进入发布环节。以上面刚做好的辅助决策多智能体为例，输入查询"2025 年'杭州六小龙'对杭州经济及房市的影响"，系统返回的结构化分析结果如下图所示。

若测试验证通过，可点击平台右上角"发布"按钮，或根

据业务需求配置多元发布渠道。

1.API 接口调用

以 API 的形式调用智能体或工作流应用时，需要传入应用 ID、API-KEY 等参数值，同时支持通过 DashScope SDK 实现快速集成。

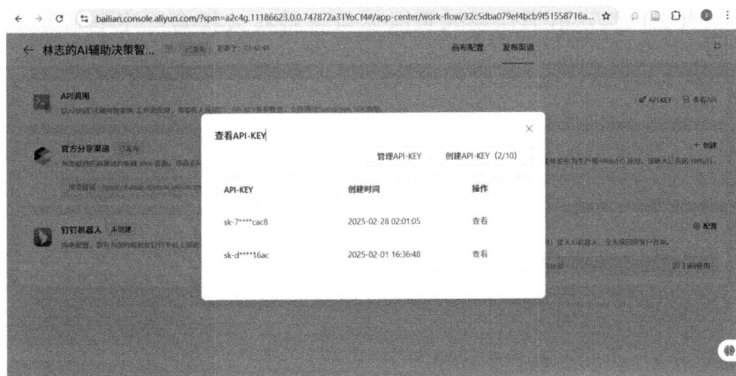

2.官方渠道发布

（1）阿里云百炼提供独立 Web 页面用于应用测试与展示，访问权限需通过阿里云主账号下的 RAM 子账号进行配置，支持企业级权限管理。当然，也可以发布到微信公众号、钉钉等平台。

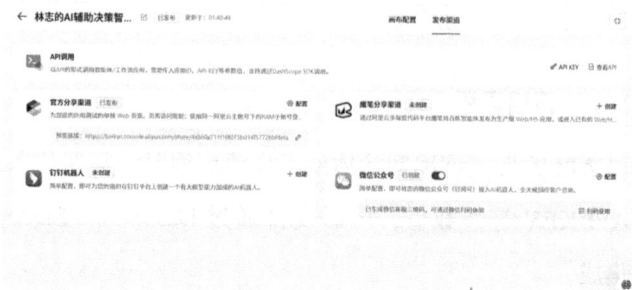

（2）字节扣子开发的智能体可无缝接入抖音、飞书等字节生态平台，同时也支持微信公众号、小程序等外部平台。

（3）腾讯元器生成的智能体可直接嵌入微信生态（如公众号、企业微信）。

3.高阶开发路径

若基于 DeepSeek 等大模型原生 API 进行开发，可构建覆盖软件（如垂直领域 SaaS 工具）与硬件（如智能终端、工业机器人）的全形态应用。此模式需具备算法调优与硬件适配能力，整体要求相对会更高些。

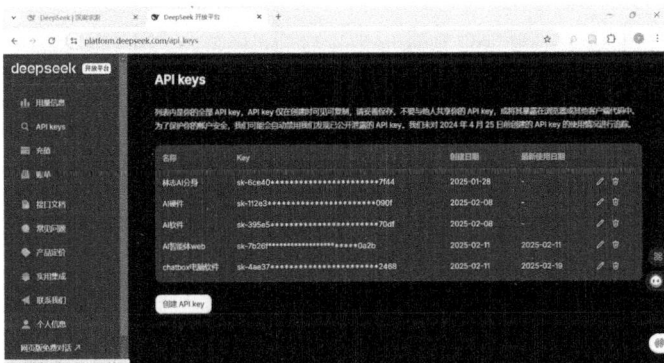

　　综上，基于 DeepSeek 等大模型的智能体应用创业，建议聚焦于真实场景需求。早期创业者可依托各大云厂商的基础设施低成本顺势入局，以解决客户核心需求为目标，通过快速验证产品市场契合度（PMF）、跑通最小可行产品（MVP）来迅速进入市场。